KB200201

말씀대로 기도해 보셨나요?

말씀대로 기도해 보셨나요?

지은이 | 김상숙
초판 발행 | 2021. 6. 16
4 쇄 발행 | 2023. 2. 27
등록번호 | 제1988-000080호
등록된 곳 | 서울특별시 용산구 서빙고로 65길 38
발행처 | 사단법인 두란노서원
영업부 | 2078-3352 FAX | 080-749-3705
출판부 | 2078-3331

책값은 뒤표지에 있습니다.
ISBN 978-89-531-4023-3 03230

독자의 의견을 기다립니다.
tpress@duranno.com www.duranno.com

두란노서원은 바울 사도가 3차 전도여행 때 에베소에서 성령 받은 제자들을 따로 세워 하나님의
말씀으로 양육하던 장소입니다. 사도행전 19장 8-20절의 정신에 따라 첫째 목회자를 돕는 사역과
평신도를 훈련시키는 사역, 둘째 세계선교(TIM)와 문서선교(단행본·잡지) 사역, 셋째 예수문화 및 경배
와 찬양 사역, 그리고 가정·상담 사역 등을 감당하고 있습니다. 1980년 12월 22일에 창립된 두란
노서원은 주님 오실 때까지 이 사역들을 계속할 것입니다.

어디로 갈지 모를 때

말씀대로
기도해 보셨나요?

김상숙 지음

두란노

목차

권사님은 20여 년간 홀리네이션스선교회를 섬기시면서 타향살이의 설움과 외로움 속에 살아가는 수많은 외국인 노동자의 아픔과 고통을 주님의 마음으로 보듬어 주시고, 외국인 신학생들이 신학 공부에 전념할 수 있도록 함께 기도하고 학비를 지원하고 계십니다. 또한 그들이 자기 나라로 돌아가서도 복음의 빛을 비출 수 있도록 지속적으로 영적, 물적 지원을 해 나가고 계십니다. 이 모든 일을 인간적으로 도움을 구하지 않고 오직 하나님이 공급하시는 은혜로 감당하고 계십니다.

권사님의 삶과 고백을 통해서도 알 수 있지만, 권사님은 늘 하나님의 말씀을 붙잡으며 귀한 사역을 감당하시는 분입니다. 수많은 시간 하나님의 말씀 앞에 머무르며 말씀의 임재와 능력을 체험하시는 분입니다. 권사님의 마음에 새겨진 하나님의 말씀은 그분의 삶 속에 그대로 살아 역사하고 있습니다. 영국에 5만 번의 기도 응답을 받은 고아의 아버지 조지 뮬러(George Muller)가 있다면, 지금 우리에게는 하나님의 말씀을 품고 온전히 주님만 바라보며 수많은 외국인 노동자를 주님의 품으로 인도하시는 권사님이 계십니다.

지금 전 세계가 코로나19라는 어둠의 시간을 보내고 있지만 홀리네이션스선교회의 사역은 변함없이 하나님의 기적 이야기를 써 내려가고 있음을 직접 보고 있습니다. 권사님을 통한 하나님의 역사는 어떠한 어려움 속에서도 계속되리라 믿습니다.

이번에 또다시 권사님을 통해 이루어진 하나님의 놀라운 이야기가 책으로 엮여 저도 감사를 드립니다. 날마다 말씀의 권세와 능력을 힘입어 하나님께 구하며 하나님의 구원 행진에 귀하게 쓰임 받고 계시는 권사님의 삶의 이야기는 수많은 주님의 백성에게 그렇게 살아가고 싶은 도전과 용기를 줄 것이라고 확신합니다.

이 책을 읽는 모든 분이 하나님이 권사님을 통해 주시는 메시지 앞에 큰 힘을 얻고, 말씀의 능력과 권세를 체험하고, 세상에 빛을 비추는 빛 된 자녀로 새롭게 일어서는 놀라운 은혜를 경험하기를 소망합니다.

이창훈 삼위교회 담임목사

김상숙 권사님의 글은 화려하지 않습니다. 자신의 사역을 포장하지 않기 때문입니다. 그런데 읽다 보면 빛이 납니다. 예수 그리스도가 드러나시기 때문입니다. 진솔한 삶의 고백 가운데 날마다 기적을 베푸시는 하나님의 은혜가 읽는 내내 감동을 줍니다. 단지 이 땅에 살면서 사람들의 이목을 끄는 풍요의 복을 누리는 이야기가 아닙니다. 말씀에 의지하고 주님을 신뢰하며 나아갔을 때 그 기도에 신실하게 응답하시는 하나님의 사랑이 선명하게 드러납니다.

35년 전, 처음 홍콩에서 필리핀 도우미들에게 복음을 전하기 시작하신 이래 소외된 외국인들과 이웃을 만나 온 현장에서 권사님은 하나님의 나라를 소유하는 방법을 이렇게 설명하십니다. "한결같이 영혼을 사랑하고 복음의 열정을 잃지 않는 것." 저는 이것이 구령의 열정을 잃어버린 교회와 그리스도인들에게 던져진 하나님의 본질적인 메시지라고 생각합니다.

이 책은 하나님의 약속의 말씀을 붙들고 기도할 때 소망의 하나님이 신실하게 응답하심을 선포하고 있습니다. 또한 기도는 신앙생활의 부담이 아닌 영적 특권임을, 기적과도 같은 성경의 모든 약속은 기도하는 자에게는 상식임을 삶으로 고백하고 있습니다.

따라서 바라기는 이 책을 읽는 모든 독자가 기도를 통해 말씀의 역사를 체험하고, 하나님의 영광에 참여하게 되는 복된 은혜가 있기를 주님의 이름으로 축복합니다.

김은호 오륜교회 담임목사

처음 김상숙 권사님을 만나게 된 것은 2010년 출간된 《나는 날마다 기적을 경험한다》를 읽고 그 책을 극동방송에 소개하면서였으며, 지금까지 교제하고 있습니다.

코로나19가 전 세계적으로 유행하며 불안과 염려가 매일 우리를 엄습하고 있습니다. 그러나 아침마다 권사님이 보내 주시는 기도 응답 이야기는 다시 마음을 다잡을 수 있는 새 힘을 불러일으켜 줍니다. 더 군다나 뜬구름 잡는 이야기가 아닌 바로 내 형제자매들의 생생한 고 백이니, 심령을 파고들어 변화시킬 만한 힘이 있습니다. 주님이 직접 행하신 생생한 이야기가 책자로 출간되어 전도용으로 귀한 역할을 하 게 된다니 정말로 감사한 일이 아닐 수 없습니다.

지금 우리가 겪고 있는 건강, 경제, 관계 위기 가운데 기도하는 것은 우리의 기도는 어떤 상황과 조건에서 나오는 것이 아니라 바로 여호 와 하나님을 신뢰하기 때문입니다. 생명을 위협받을 만큼 심한 고난 의 때에도 우리는 기도할 수 있고, 그로부터 오는 감사와 평안은 그 누 구도 빼앗을 수 없음을 선포합니다. 우리는 그 어떤 때보다 하나님의 보호하심을 실감하고 있기에 더욱더 간절히 기도하고 하나님께 감사 와 찬송을 드릴 수 있습니다.

이 책을 통해 우리의 믿음이 더욱 공고해지고 기도를 쉬지 않게 되 기를 간절히 바랍니다. 또한 이 책이 하나님을 모르는 이들을 하나님 께로 자연스레 이끄는 귀한 통로로 사용되며, 이 책을 읽는 사람마다 기도를 통해 하나님의 놀라운 역사를 고백하고 감사할 수 있게 되기 를 간절히 바랍니다.

김성윤 극동방송 편집국장

새벽 6시면 어김없이 도착하는 은혜와 사랑의 택배가 있습니다. 바로 SNS로 전달되는 편지입니다. 김상숙 권사님이 전국에 보내시는 짧은 간증들, 신앙 고백들입니다. 하나님이 천국의 우편배달부를 통해 보내시는 하늘 이야기들입니다. 365일 하루도 거르지 않고 이어지는 기도 응답의 이야기입니다.

저는 권사님을 먼발치에서 보면서 신앙의 깊이는 기도에 있음을 배웠습니다. 이제 권사님을 만난 지 2년이 되어 갑니다. 짧은 세월 신앙의 길에 다시 서면서 좌충우돌 희로애락이 많았습니다. 2020년 들어 성경에 근거한 기도를 더욱 강조하신 권사님의 말씀은 곧 저를 눈동자처럼 지키시는 하나님의 말씀이었습니다.

며칠 전 돼지저금통을 개봉하며 권사님의 기도를 생각했습니다. 깨달았습니다. '기도는 하늘나라의 동전이구나.' 천국에는 돼지저금통이 있을 것 같습니다. 우리가 간구하면 "땡그랑!" 기도의 동전이 떨어집니다. 기도는 하늘에 하는 오늘의 저금입니다. 천국에서 풀어 볼 선물 보따리입니다.

아침의 소리 SNS 알림음은 그저 알림음이 아니었습니다. 수없이 많은 주님의 사람이 하늘 저금통에 기도를 쌓는 "땡그랑!"이었습니다. 그런데 그 기도는 이 땅에서도 힘이 있습니다. 고난의 막힌 문을 여는 열쇠요, 천국 문을 열어 주는 열쇠입니다. 짧은 글로 다 풀 수 없는 이야기이지만, 권사님과의 교제를 통해 주님이 깨우쳐 주신 것입니다.

김상숙 권사님은 영적 전쟁의 최전선에 서 계신 분입니다. 격한 전장이라는 현장에서 기도를 배우시고, 기도를 전하시고, 기도를 가르치신 분입니다. 이 책은 그분의 사역 이야기, 구체적인 기도 응답의 이야기입니다. 이 책을 읽는 독자들은 분명 기도를 통해 하나님께 영광을 올려 드리며, 성령의 도우심으로 기도의 열매로 삶이 가득 채워질 줄 믿습니다.

김진영 전남대학교 전자공학과 교수

4년 전 국민일보 인기 코너 "역경의 열매" 연재를 위해 김상숙 권사님을 만났을 때 든 첫 느낌은 '기도의 사람, 조지 뮬러'였습니다. 권사님이 소개하시는 다양한 모양의 기도와 응답 이야기는 놀라웠고, 마치 한국의 조지 뮬러를 보는 것 같았습니다. 엄청난 기도 응답 현장들은 마치 제가 딴 세상에 와 있는 것 같은 느낌을 주었습니다.

만남 이후 권사님은 기도의 열매나 감사 이야기를 SNS 메시지로 보내 주셨습니다. 수많은 메시지 중에 권사님의 메시지는 순전한 복음 같았습니다. 기대하는 마음으로 메시지를 열어 보면 언제나 놀라운 이야기를 만날 수 있었습니다.

무엇보다 권사님의 기도는 성경 말씀에 근거합니다. 권사님은 실제로 성경에 능한 분이시기도 합니다. 4년 전 만났을 당시 성경 통독을 141독째 하셨고 1년에 12독을 한다고 하셨으니 지금은 어림잡아 190여 회 성경을 읽으셨을 것입니다. 주님의 말씀에 근거한 기도, 말씀에 합당한 간구야말로 100% 응답받는 기도의 비결이 아닐까 싶습니다.

권사님은 우리의 기도가 마치 번호 키 같아서 기도할 때는 정확한 번호 키를 알아야 하늘나라 궁정에 들어가는 문이 열린다고 고백하셨습니다. 권사님에 따르면, 번호 키의 비밀은 성경을 읽어야 나옵니다. 참으로 멋진 비유가 아닌가 싶습니다.

코로나19와 함께 살아가는 세상이 되었습니다. 코로나19가 끝나더라도 코로나22, 코로나23이 오지 말라는 법이 없습니다. 지금은 우리가 진정 두려워해야 할 존재가 무엇이며, 참된 치료자가 누구인지를 깨닫고 그분께만 집중할 때입니다. 그런 점에서 권사님의 책이야말로 우리에게 최고의 삶이 무엇인지를 알려 주는 보물과도 같다고 확신합니다. 이 책을 통해 하나님의 말씀에 대한 갈급함이 도처에 생기고 기도의 수준이 날로 높아져 곳곳에서 기도 응답에 대한 찬양이 터져 나오기를 간절히 희망합니다.

신상목 국민일보 미션영상부 부장

김상숙 권사님과의 만남은 중앙성결교회에서 이루어졌습니다. 부목사로 교육부서를 전담했던 1988년 당시 고등부 교사셨던 권사님을 대학부 부감으로 세우면서부터였습니다. 당시 대학부가 부흥이 되지 않고 부진한 상태에서 어떤 분을 부감으로 세울까 기도하면서 찾던 중이었는데, 권사님은 이미 기도와 헌신으로 연약했던 대학부를 부흥시키는 데 탁월함을 인정받으셨습니다. 당시 8명으로 시작한 대학부가 곧바로 40명으로 부흥했습니다.

한결같은 주님을 향한 사랑은 해외 주재원 가족으로 계시면서도 변함이 없었습니다. 그래서 주님을 위한 '거룩한 거지'가 되어 해외에서도 그곳이 선교지임을 기억하고 그 영혼들을 주님께 인도하는 선교사역을 훌륭하게 감당하셨습니다. 그 감동적인 이야기들은 《나는 날마다 기적을 경험한다》(생명의말씀사, 2010), 《주님, 오늘도 부탁해요》(두란노, 2016), 《천국의 풍경이 되어 주세요》(두란노, 2019)에 수록되어 있습니다.

해외에서 귀국해서는 2000년부터 일산에 홀리네이션스선교회를 창립해 믿음의 역사와 사랑의 수고, 그리고 소망의 인내를 통해 사도행전 29장의 역사를 쓰고 계십니다. 조지 뮬러처럼 성경을 200독 이상 읽고, 말씀에 근거하여 기도로 외국인 노동자 나그네들에게 수많은 선한 일을 행하고 계시고, 그들에게 복음을 전해 신학 교육 지원뿐만 아니라 자국으로 파송시켜 8개국에 교회를 세우도록 돕고 고아들을 돌보는 일을 후원하고 계십니다. 이 위대한 사역은 주님께 드리는 깊은 기도에 뿌리를 내리고 있습니다. 매주 목요일에 하루를 금식하며 기도의 능력과 비밀이 풀어지고 있습니다.

우리 조지뮬러바이블아카데미에서는 한국 교회가 배출한 자랑스러운 선교사이신 권사님을 영성 지도 교수로 모셨습니다. 학생들이 선교지로 나가기 전에 권사님의 사역과 삶을 계승하게 합니다. 권사님의 사역은 이 땅의 교회들과 신학생들과 선교사들에게 큰 도전을 주고 있습니다. 하나님을 기쁘시게 하는 최고의 기도가 무엇인지 배우는 저서가 될 것으로 믿고 이 책을 추천합니다.

조갑진 조지뮬러바이블아카데미 원장

주님이 2015년에 어머니(김상숙 권사님)와의 만남을 주선해 아들이 되게 하셨고, 그때부터 성경을 읽기 시작해 이제 20독째입니다. 어머니를 통해 성경을 읽으면서, 성경에서 가르쳐 주는 대로 기도를 할 때 소수만이 기도의 응답을 누리는 것이 아니고 모두가 응답받을 수 있는 기쁨을 배웠습니다.

이제 오직 믿음 안에서 주님이 성경 말씀을 통해서 하시는 말씀에 그대로 순종하며 기도할 때 놀라운 응답을 받는 기쁨을 마음껏 누리며 살아가며, 고통당하는 수많은 영혼에게 살아 계신 우리 주님을 전할 수 있는 특권을 자랑하고 싶습니다.

처음 어머니를 만났을 때 저는 소망 없어 보이는 나날을 보내고 있었습니다. 그런데 성경을 정한 음식보다 더 귀히 여기며 사는 법을 가르쳐 주셔서(욥 23:12) 그때부터 새벽에 일어나면 제일 먼저 성경을 읽게 되었습니다. 처음에는 말씀이 익숙하지 않았습니다. 하지만 반복해서 읽을수록 그 깊은 사랑은 특별한 사람에게만 있는 것이 아님을 깨달았습니다. 사도 바울의 고백처럼 죄인 중에 괴수라고 고백한 자에게조차 하나님은 일체 오래 참으사 구원을 주셨습니다.

저는 그 사랑에 힘입어서 당당히 아버지께 나아갈 수 있는 권리가 제게 주어졌음을 성경을 통해서 배웠습니다. 성경에 약속된 대로 우리가 구하거나 생각하는 모든 것에 더 넘치게 하시는 하나님의 이야기를 저도 체험했고, 어머니의 책에는 그 수많은 현장에서 일어난 이야기들이 실려 있습니다. 살아 계신 하나님을 느낄 수 있고 만질 수 있는 이 책을 추천합니다. 우리 아버지가 우리 모두의 손에 쥐어 주신 기도라는 특권이 우리 인생에서 얼마나 강력한 능력을 발휘하는지를, 이 책을 통해서 꼭 다시 한 번 체험하시기를 바랍니다.

복음으로 낳은 아들 요한이

* 《천국의 풍경이 되어 주세요》에 하나님이 교도소에서 요한이를 만나게 하신 이야기가 실려 있습니다.

"내가 그의 입술의 명령을 어기지 아니하고

정한 음식보다 그의 입의 말씀을 귀히 여겼도다"(욥 23:12).

어릴 때부터 신앙생활을 하면서 과연 어떤 것이 참 그리스도인의 모습이고, 믿지 않는 사람들과 전혀 다르게 사는 삶이란 무엇인지가 너무나 궁금했습니다. 그런 제가 성경을 정한 음식보다 더 소중하게 여기면서 살도록 배운 것은 최고의 축복이라고 고백하겠습니다. 성경을 통해서 우리 하나님의 사랑을 배웠으니까요.

성경은 우리 인생에 대한 모든 것을 자세히 반복해서 가르쳐 줍니다. 저는 조지 뮬러를 통해 '성경 말씀 사랑'을 배우면서 성경 200독을 한 인생은 많은 사람에게 생명을 전해 주고, 고아들을 키우며, 이웃 사랑을 실천하는 삶을 살아간다는 신앙의 모델을 보게 되었습니다.

그런 인생이야말로 주님이 우리에게 주고자 하시는 풍성한 삶이요, "근심하는 자 같으나 항상 기뻐하고 가난한 자 같으나 많은 사람을 부요하게 하고 아무것도 없는 자 같으나 모든 것을 가진 자"(고후 6:10)입니다. 이 말씀대로 살 수 있음을, 한 발자국씩 인도하시는 우리 주님을 통해 보여 줄 수 있어서 얼마나 감사한지요! 이 진수를 일찍 배운 것은 그 어떤 축복과도 비교할 수가 없습니다.

예수님은 십자가에서 생명을 주시면서 우리를 구원하셨습니다. 주님은 우리가 그 측량할 수 없는 그리스도의 풍성을 가지고 이웃 사랑을 실천하면서, 잠시 사는 이 세상에서도 천국의 풍경을 보며 살기를 원하십니다.

말씀이 가르쳐 주는 대로 기도해 보십시오! 늘 놀라면서 인생 전반에 이런 고백을 하게 될 것입니다. "주의 법을 사랑하는 자에게는 큰 평안이 있으니 그들에게 장애물이 없으리이다"(시 119:165). 우리 모두가, 설사 믿지 않는 사람이라 할지라도 기도하면서 말씀을 기억하면 진실로 우리의 기도가 달라질 줄 믿습니다.

잠언 28장 9절은 "사람이 귀를 돌려 율법을 듣지 아니하면 그의 기도도 가증하니라"라고 말합니다. 예수님은 우리에게 기도를 가르쳐 주실 때 다음과 같이 순서를 알려 주셨습니다. "너희가 내 안에 거하고 내 말이 너희 안에 거하면 무엇이든지 원하는 대로 구하라 그리하면 이루리라"(요 15:7). 우리가 주님 안에 거하고, 주님의 말씀이 우리 안에 거할 때 반드시 특권이 주어지는데, 무엇이든지 원하는 대로 구하면 그대로 이루어질 것이라고 말씀하셨습니다. 그런데 우리는 주님의 말씀을 소홀히 여기기에 무엇이든지 되는 이 놀라운 특권을 잘 모르고 살아갑니다.

하나님께 구하고 응답을 받으면서 사는 사람은 시편 기자와 같은 고백을 하게 됩니다. "여호와 나의 하나님이여 주께서 행하신 기적이 많고 우리를 향하신 주의 생각도 많아 누구도 주와 견줄 수가 없나이다 내가 널리 알려 말하고자 하나 너무 많아 그 수를 셀 수도 없나이다"(시 40:5).

2021년 6월 홀리네이션스선교회에서
김상숙 권사

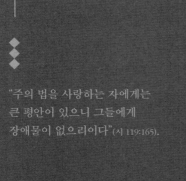

"주의 법을 사랑하는 자에게는
큰 평안이 있으니 그들에게
장애물이 없으리이다"(시 119:165).

1장

기도의 시작

말씀 붙잡기

◈ 성경은 나의 즐거움, 나의 충고자 ◈

만약 조지 뮬러가 설교만 하고 고아들을 돌보지 않았다면 그처럼 절실한 기도 응답을 위해 매일 기도를 했을까? 그는 기도 응답이 되지 않으면 수많은 고아를 굶겨야 했다. 그 절실함은 하나님만을 절대 신뢰하면서 하나님의 말씀과 약속에 근거한 기도를 하게 했다. 그가 응답의 모든 사례를 기록으로 남겨 주어서 참 감사하다.

홀리네이션스선교회는 외국인 노동자들을 위한 무료 숙식을 제공하는 쉼터를 운영하고 그곳을 찾는 아픈 모든 사람을 치료해 주는 의료비 지원을 계속하고 있다. 또한 해외 8개국에 교회를 세우고 고아들을 돌보는 일을 지원하고 있으며, 많은 외국인 학생에게 장학금을 주고 있다. 그 긴 세월을 하나님의 살아 계심과 성경에 약속된 모든 말씀을 믿고 기도하며 지내 왔다. 오직 하나님 한 분만을 믿고 구할 때 하나님의 역사가 일어났고, 그 일을 기록하며 지금까지 모든 일을 진행해 올 수 있었다.

하나님이 우리 가정에 2명의 손자와 1명의 외손녀를 주셨다. 몇 년 전 일이었다. 당시 가장 큰 손자는 초등학생이었고 둘은 아직 미취학 상태였는데, 밖에서 다 같이 놀다가 집으로 들어오려고 했다. 아이들이 문을 열고자 애쓰는 모습을 지켜보면서 참으로 웃음이 났던 기억이 있다.

큰 손자가 뒤에 서 있고 앞에 2명의 아이들이 섰는데, 어른들이 문을 열 때 번호 키를 누르는 모습을 본 적이 있어서 무조건 아무 번호나 누르면 열리는 줄 알고 열심히 번호 키를 눌러 댔다. 당연히 문은 열리지 않았다. 그 순간, 뒤에 서 있던 초등학생 큰 손자가 동생들에게 "비켜! 내가 열게" 하면서 문에 딱 맞는 번호를 눌렀고, 단번에 문이 열렸다. 문이 열리자 아이들은 눈이 휘둥그레지면서 까르르 웃었다.

상당히 우스운 에피소드인데, 어쩌면 대부분의 성도들의 기도가 이 상태에 머물러 있는 것은 아닌지 모르겠다. 집집마다 문을 열려면 정확한 번호 키를 알아야 한다. 마찬가지로 우리가 기도할 때는 정확한 번호 키를 알아야 하나님의 궁정에 들어가는 문이 열린다. 그런데 그 비밀은 성경을 읽어야 알 수 있다. "문지기는 그를 위하여 문을 열고 양은 그의 음성을 듣나니 그가 자기 양의 이름을 각각 불러 인도하여 내느니라"(요 10:3).

다음 글은 기도에 관한 좋은 교훈을 준다. 체코슬로바키아에 프란츠 카프카(Franz Kafka)라는 유명한 유대인 작가가 있었다. 그의 작품 가운데 일생 동안 문 앞에서 문이 열리기를 기다리다가 죽은 사람에 관한 이야기가 나온다.

그는 문지기가 서 있는 문 앞에서 어떻게 해서든지 문지기를 피해 그 문 안으로 들어가려고 일생 동안 애를 썼다. 그러다 끝내 문 안으로 들어가지 못하고 문 앞에서 죽어 갔다. 그는 죽어 가면서 문지기에게 묻기를, "왜 당신은 내가 문 안으로 들어가지 못하도록 그토록 문을 지키고 있는 것입니까?"라고 말했다. 그때 문지기는 정색을 하면서 말했다. "아닙니다. 이 문은 당신을 위한 문입니다. 당신을 돕기 위해서 내가 여기 서 있습니다."

그러자 그가 다시 물었다. "그런데 왜 당신은 내가 들어가려는 문 앞을 막아 서고 있습니까?" 이에 문지기가 대답했다. "아닙니다. 당신을 위해서 즐거운 마음으로 문을 열어 드리기 위해 여기에 서 있습니다. 그러나 당신은 한 번도 이 문을 열어 달라고

요청한 일이 없습니다."

우리 앞에는 기회의 문이 열려 있다. 축복의 문이 있는데, 한 번도 열어 보려고 하지도 않고 그 문 앞에서 서성거리며 주저하다가 때를 놓친 것은 아닌가? 축복의 때를 상실하고 삶을 소모하고 있지는 않은가?

기도에 대해 많은 이야기를 들어서 잘 알고 있기에 "기도해야겠다"고 말은 많이 하면서도 정작 기도를 진실하게, 그리고 간절하게 하지는 못하며 살고 있지는 않은가? 말씀의 능력과 위대함을 알면서도 성경 한 번 읽어 보지 못하고 한 해를 보내고 있지는 않은가? 교회 안에는 성도가 아닌 성도가 많이 있다. 참 성도라면 밖에서 맴돌지 말고 오늘 주님이 "내가 문이다. 내게로 들어오라" 하며 부르시는 음성을 듣는 복된 자가 되어야 한다.

'기도가 전부 응답된 사람', '5만 번 기도의 응답' 등의 수식어가 붙은 조지 뮬러는 기도의 대가다. 그런 조지 뮬러에게 배운 것이 있다. '성경을 통해서 하나님의 말씀을 듣지 않으면 하나님도 우리 말을 듣지 않으신다'라는 사실이다. 그러면서 깨닫게 된 기도 응답의 비결은 '항상 성경에 근거한 기도'였다. 하나님의 속성을 알아 가고 하나님이 우리에게 주고자 하시는 측량할 수 없는 그분의 풍성함을 누리는 비결은 바로 성경 말씀을 통해 하늘 궁정에 들어가는 정확한 번호 키를 배우는 것이다.

조지 뮬러라는 롤 모델을 보면서 성경을 정한 음식보다 소중하게 여기며 읽기 시작한 때는 1981년이었다. 딸아이가 1979년생인데, 당시 처음 읽은 성경을 보면 곳곳에 아이가 볼펜으로 낙서한 자국이 남아 있다. 성경을 수시로 읽었기에 아이의 흔적이 남은 것이다. 그때부터 성경은 "나의 즐거움이요 나의 충고자"(시 119:24), "내 발에 등이요 내 길에 빛"(시 119:105)이 되었다. 이후 약 40년이라는 세월이 흐르자 조지 뮬러처럼 200독을 하게 되었다.

조지 뮬러는 이렇게 조언했다.

기쁨이 사라지는 순간에 하나님 말씀을 읽는 것과 기도하기를 포기하게 만드는 것은 사탄이 아주 보편적으로 활용하는 유혹이다. 사탄은 우리가 기뻐하지 않을 때 성경을 읽는 게 전혀 유익이 되지 않는 것처럼, 그리고 기도하고자 하지 않을 때 기도하는 게 아무런 유익을 주지 못하는 것처럼 생각하게 한다.

실제로 그와 정반대다. 말씀을 향유할 수 있도록 계속 말씀을 읽어야 하고, 또 기도의 영을 얻기 위해 지속적으로 기도해야 한다. 우리가 말씀을 읽지 않으면 않을수록 그만큼 더 말씀을 덜 읽으려고 하고, 기도하지 않으면 않을수록 기도에 그만큼 더 인색하게 될 것이다.

하나님의 말씀은 우리가 소유한 단 하나의 기준이다. 성령은 우리를 위한 유일한 교사이시다. 성경은 언제나 유일한 책이자 최고의 책이어야 한다. 말씀 없이 성령님을 바라보면 커다란 미혹에 빠질 수 있다. 하나님은 말씀과 성령과 더불어 상황을 통해 자신의 뜻을 드러내신다.

영적인 기쁨을 유지할 수 있는 길이 하나 있다. 성경을 규칙적으로 읽는 것이다. 성경은 우리의 속사람을 양육하는 하나님의 정하신 방법이다. 성경을 차례대로 규칙적으로 읽어야 한다. 이러저리 옮겨 다니며 마음에 드는 곳만 읽으면 안 된다.

회심하고 나서 처음 4년 동안 영적인 성장이 없었다. 그 이유는 성경 읽기를 게을리했기 때문이다. 그러나 성경 전체를 규칙적으로 읽어 내려가자 영적으로 몰라보게 성장했다. 돌아보면 지난 세월 동안 내 마음에는 평화와 기쁨이 충만했다. 성경을 거듭 읽을수록 마음이 신선해졌으며, 평안과 기쁨이 날마다 더 커졌다.

주님은 그간 잊어버렸던 한 가지 진리를 기쁘게 일깨워 주셨다. 핵심은 내 영혼이 매일 주님과 함께하는 시간을 가장 중요하게 여겨야 한다는 것이었다. 얼마나 주님을 섬기고, 얼마나 주님께 영광을 돌리는가는 중요한 것이 아니었다. 내 영혼이 행복을 유지하는 일과 나의 속사람을 성장하게 하는 일이 중요했다.

회심하지 않은 이에게 부지런히 진리를 전하고, 성도들을 돕는 일에 힘쓰며, 하나님의 자녀로 행동하는 일에 힘쓸 수 있다. 하지만 주님 안에서 즐거워하지 않고 날마다 속사람을 키우지 않으면 이 모든 일은 바르게 진행될 수 없다.

조지 뮬러의 《먼저 기도하라》(샘솟는기쁨, 2016)에 실린 내용이다. 이 조언을 따라 새벽에 일어나면 제일 먼저 성경을 읽기 시작했고, 노트에 '주께서 주신 말씀'(그날 아침 읽은 말씀 중에 더욱 암송하며 따라가야 할 말씀)을 적고 그 아래 '내가 주께 드리는 말씀'(기도)을 기록했다. 그러고 나서 성경을 암송했는데, 몇 구절 암송하는 데 그치기보다 한 장 전체를 암송할 때 앞뒤 구절을 더 깊이 깨닫게 되었다. 이처럼 기록하며 읽은 성경 말씀에 근거해 나아가자 시편 기자와 같은 고백을 할 수 있게 되었다. "내가 주를 의뢰하고 적군을 향해 달리며 내 하나님을 의지하고 담을 뛰어넘나이다"(시 18:29).

만약 해외로 이동하거나 홀로 머물 조용한 공간이 없는 경우,

다들 잠에서 깨기 전에 화장실에 들어가서 성경을 읽었고, 읽은 성경을 암송했고, 그 말씀을 붙잡고 기도했다. 그때마다 성경에 기록된 하나님의 모든 약속은 참으로 신실해 우리가 구하거나 생각하는 모든 것에 더 넘치게 하시는 하나님을 늘 체험하고 뵐 수 있었다(엡 3:20).

◈ 여호와를 알자, 힘써 알자 ◈

호세아 선지자는 "내 백성이 지식이 없으므로 망하는도다 … 그러므로 우리가 여호와를 알자 힘써 여호와를 알자"(호 4:6, 6:3)라고 말했다. 다니엘기도회 이후 많은 분이 성경으로 돌아가게 되었다고 고백하셨다. 한 권사님은 한 달에 성경 1독을 한다는 내 간증을 듣고 자신도 도전해 한 달 반 만에 1독을 마쳤다고 하셔서 너무나 감동이었다. 그분은 다음과 같이 문자를 보내셨고 우리 기도회에도 참석하셨다.

1년에 성경을 겨우 1독 했는데 권사님의 간증을 듣고 도전해서 한 달 반 만에 1독 했다는 게 감격이 되었어요. 처음에는 허리도 아프고 눈도 아파 힘들었는데 읽다 보니 말씀이 눈에 들어오면서 속도가 붙고 통독하는 것이 재미있어지더라고요. 2독 하면서는 마음에 닿는 구절은 노트에 적어 가면서 통독하는 여유가 생겼어요. 아버지께 영광 돌리고, 권사님께도 도전할 수 있게 동기 부여를 해 주셔서 감사드려요. 힘차게 사역 잘하시기를 기도하겠어요.

이외에도 많은 분이 그동안 말씀을 그리 중요하게 여기지 않고 주로 설교를 듣거나 설교 영상을 보고 지내 왔는데 늘 채워지지 않아 부족함을 느끼다가 말씀으로 돌아가기 시작했다는 기쁜 소식을 전해 주셔서 감사했다.

저는 영적인 갈급함을 여러 목사님들의 설교 말씀을 방송으로 들으며 채우려고 노력했습니다. CTS, C채널, CGNTV, CBS, 그리고 유튜브까지 늘 기독교 방송을 틀어 두었습니다. 그런데 김상숙 권사님을 유튜브로 만난 뒤 이젠 성경책을 펴게 되었습니다. 그 놀라운 은혜에 너무나 감사합니다. 다른 설교나 영상과 비교되지 않습니다. 직접 하나님 말씀을 들으면서 영적인 갈급함이 사라지고 말씀으로 충만해짐에 감사드립니다. 할렐루야!

성경 통독은 조지 뮬러에게 배웠고, 성경 암송은 안이숙 여사님께 배웠다. 안이숙 여사님이 쓰신 여러 권의 책을 모두 읽었다. 특별히 여사님이 홍콩에 오셔서 며칠간 집회를 인도해 주셨던 때가 생각난다. 당시 85세이신지라 미국에서 오시는 여정이 상당히 피곤하실 것이라 생각해 교회 담당자분들이 걱정되는 마음을 안고 공항으로 마중을 나가셨다. 여사님은 비서와 동행하셨는데, 오히려 피곤해하시는 분은 여사님이 아니라 젊은 비서였다. 여사님은 정말 갈렙같이 정정해 보이셨다.

　　집회 때 여사님은 오전, 오후 2회에 걸쳐 말씀을 전해 주셨는데, 몇 시간씩이나 정말 피곤한 기색도 없어 보이셨고, 찬양을 한 번씩 부르시면 감동 그 자체였다. 여사님은 원래 음악 선생님이셨는데 신사참배 거부로 감옥에 들어가 오래 지내면서 목소리가 제대로 나오지 않게 되었다. 그런데 하나님께 찬양하며 살고 싶다고, 그러니 다시 목소리를 회복시켜 달라고 기도하자 목소리가 정상이 되었다고 하시며 찬양을 하나님께 올려 드리셨다.

　　그때 안이숙 여사님이 가르쳐 주신 것이 바로 성경 암송이었다. 1907년 한국에 대부흥운동이 일어나 많은 기적이 있었는데, 당시 기적을 보고 체험한 사람들조차 막상 일제 탄압이 들어오자 신앙을 다 잃어버리고 말았다. 따라서 여사님은 신사참배 거부로 감옥에 들어가기 전 준비로 성경을 최대한 많이 암송하셨다고 한다. 감옥에서는 운동도 못하고, 지금처럼 성경을 마음대로 읽을 수도 없고, 당연히 성경을 소지할 수도 없기에 제자리에서 맨손 체조를 하면서 매일 성경을 암송함으로 신앙을 지켜 나가셨다.

이처럼 뛰어난 영적 모델이 가르쳐 주신 내용을 평생 어찌 잊을 수 있을까. 그래서 성경을 몇 구절씩 암송하기보다 한 장 전체를 암송하기 시작했다. "내가 주의 법을 어찌 그리 사랑하는지요 내가 그것을 종일 작은 소리로 읊조리나이다"(시 119:97)라는 시편 기자의 고백처럼 말이다.

성경 암송이 주는 특별한 축복은 계속 반복해야 암송이 되는데 반복해서 성경을 읽다 보니 앞뒤 문맥과 그 의미가 점점 깨달아졌다는 것이다. 하나님의 말씀은 정말 살아 있고 활력이 있다는 구절에 공감이 갔다. "하나님의 말씀은 살아 있고 활력이 있어 좌우에 날 선 어떤 검보다도 예리하여 혼과 영과 및 관절과 골수를 찔러 쪼개기까지 하며 또 마음의 생각과 뜻을 판단하나니"(히 4:12). 이 고백으로 로마서 8장에서 시작해 서신서 전체 암송에 도전했다.

디모데나 요한이도 교도소 안에서 성경 암송을 하면서 정말 변화되는 모습을 보이고 있다. 그들은 서신서 전체를 암송했다. 힌두교도였고 아내가 심장마비로 갑자기 사망해 힘들었던 네팔에서 온 요셉도 셀 수 없을 정도로 많은 성경 구절을 암송하며 성경 통독을 하면서 외국인 중에서 가장 신앙이 좋은 모델이 되었다.

시편 1편은 우리가 너무나 잘 알고 있고 설교를 통해 반복해서 듣는 말씀이다. 진정 인생에 가뭄이 와도 걱정이 없는 삶은 하나님 말씀 사랑에서 시작된다. "복 있는 사람은 악인들의 꾀를 따르지 아니하며 죄인들의 길에 서지 아니하며 오만한 자들의 자리에 앉지 아니하고 오직 여호와의 율법을 즐거워하여 그의 율법을 주야로 묵상하는도다 그는 시냇가에 심은 나무가 철을 따라 열매를 맺으며 그 잎사귀가 마르지 아니함 같으니 그가 하는 모든 일이 다 형통하리로다 악인들은 그렇지 아니함이여 오직 바람에 나는 겨와 같도다 그러므로 악인들은 심판을 견디지 못하며 죄인들이 의인들의 모임에 들지 못하리로다 무릇 의인들의 길은 여호와께서 인정하시나 악인들의 길은 망하리로다"(시 1:1-6).

달고 오묘한 그 말씀, 생명의 말씀 ❖

참으로 감사하게도, 2020년 11월 9일 오륜교회 다니엘기도회에서 말씀을 전할 기회를 가졌고, 이어서 12월 25일에도 한 번 더 길이 열려 감격스러운 시간을 가졌다. 다니엘기도회 이후 다른 교회에서도 "말씀으로 돌아가자"라는 새로운 깃발을 들었다.

오륜교회에서 2021년에 성경 통독, 필사, 암송을 목표로 정하고 그 주제로 말씀을 전해 줄 것을 요청해 왔다. 말씀 사랑이 우리에게 얼마나 축복인지를 전할 기회가 주어져 너무나 감사했다. 또한 말씀을 주제로 한 찬양을 뜨겁게 부르면서 매우 감격스러웠다. 말씀의 위력은 말씀을 가까이했을 때 나타나는 결과를 보면 얼마나 큰지 알 수 있다.

한 예로, 쉼터에서 외국인들이 국적과 풍습이 다르다 보니 처음에는 서로 싸울 때가 종종 있었는데, 윤난호 권사님이 싸운 사람들에게 성경 암송을 벌로 주셨다. 당시 중국에서 온 유중이로마서 8장을 암송하다가 변화되어 자기 모든 죄를 고백하고 진지하게 세례를 받았던 모습이 떠오른다.

또한 자녀들을 말씀으로 교육하고 말씀 사랑을 가르치면 사교육비를 절감할 수 있고 자녀들로 인해 속을 썩일 필요가 없다. 그러므로 성경은 주일에 한 번 교회에 가서 적당히 성경을 읽고 배우라는 식으로 말하지 않고, 다음과 같이 권면한다. "오늘 내가 네게 명하는 이 말씀을 너는 마음에 새기고 네 자녀에게 부지런히 가르치며 집에 앉았을 때에든지 길을 갈 때에든지 누워 있을 때에든지 일어날 때에든지 이 말씀을 강론할 것이며 너는 또 그것을 네 손목에 매어 기호를 삼으며 네 미간에 붙여 표로 삼고 또 네 집 문설주와 바깥문에 기록할지니라"(신 6:6-9).

그렇다고 이 말씀대로 교육시킨다는 미명 아래 성경을 읽지 않는다며 자녀들에게 강압적으로 벌을 주거나 겁박하는 방법은 매우 좋지 않다. 단지 성경 말씀이 꿀송이보다 달고 맛있다는 사실을 심어 주어야 한다.

아이들이 어릴 때였다. 딸은 암송을 아주 잘했고, 아들은 말씀을 진지하게 듣곤 했다. 출애굽기처럼 어려운 부분이 나올 때 이야기를 재미있게 풀어서 들려주자 아들은 "그다음에는 어떻게 되었어요?" 하면서 더 듣기를 원했다.

신약성경에 나오는 "일곱 번을 일흔 번까지라도 용서하라"라는 예수님의 말씀을 듣고 나서(마 18:22) 아이들이 보인 행동은 정말 재미있었다. 서로 부딪치고 화가 나는 일이 생기면 이렇게 말하곤 했다. "내가 일곱 번을 일흔 번까지 용서해 주고 나면 그

때는 용서 안 해 줄 거야!" 당시를 생각하니 지금도 웃음이 난다. 뿐만 아니라 하루는 욕조에 물을 채워 두었는데, "풍덩!" 소리가 나서 가 보니 아이들이 자기도 베드로처럼 예수님을 따라 물 위를 걸어 보겠다면서 연거푸 시도하느라 난 소리였다.

주일에 한 번 주일학교에 가서 말씀을 배우는 것으로는 인생의 가치관이 하나님 말씀 중심이 될 수 없다. 이는 마치 밥을 일주일에 한 번 먹는 것과 같다. 성경 말씀대로 집에 앉았을 때에나 길을 갈 때에나, 누워 있을 때에나 일어날 때에나 하나님의 말씀이 마음 판에 새겨지도록 깊이 심어 준다면 인생에 후회가 없을 것이고, 사교육비도 필요 없을 것이며, 스스로 공부해야 하는 이유와 악에 물들지 않고 살아가야 하는 까닭을 터득하게 될 것이다.

우리나라의 경우 대학 입시생인 고3이 되면 교회에 나와 예배를 드리지 않아도 너도 나도 서로 이해해 주며 오히려 당연하게 생각하는 경향이 있는데, 그렇다고 모두가 좋은 대학에 합격해 잘 사는 것은 전혀 아니라는 사실을 알아야 한다.

홀리네이션스선교회 창립 20년이 지나자 어린 자녀들이 다 장성했다. 그들은 한결같이 공부를 잘한다. 그리고 무엇보다 인생의 목적이 여타 아이들과 전혀 다르고, 세계를 돕기 위해 열심히 공부한다. 직업에 대한 가치관이 다르기에 대학에 들어가 장학금을 받거나 아르바이트비를 받으면 세계를 돕는 데 그 물질을 기꺼이 사용한다.

한 예로, 중학생 신혜는 그동안 머리카락을 열심히 길러 미용실에 가서 잘라 소아암 환우의 가발을 만드는 데 기증했다. 언니 시은이는 대학에서 학점을 한 학기 앞서 다 따서 졸업했다.

주연이는 엄마가 5살 때부터 말씀을 암송하도록 교육시켰다. 억지로 암송한 것이 아니고 기쁘게 말씀을 암송하고는 영어 암송도 시도했다. 그렇다 보니 영어 과외가 필요 없었고 학교 성적도 좋아 전교 1등을 유지했다. 전국 영어 성경 암송 대회에 나가 1등을 하고 매일 성경을 읽고 암송하다 보니 공부를 잘해 장학금까지 탔는데, 그 장학금으로 네팔 고아들을 돕는 등 너무나 멋지게 성장하고 있다. 중학교에 가서도 열심히 공부해 담임선생님이 국비 장학생으로 추천해 장학금을 받았고, 이번에 국제고등학교 시험을 봐서 합격했다. 우리는 모두 기쁜 마음으로 축하했으며, 하나님의 교육 방법이 최고임을 목도하고 있다.

외손녀 민서는 초등학교 4학년인데 신구약 성경을 1독 했다. 이제 2독을 들어가는데, 생각과 가치관, 행동이 너무나 달라졌다. 최근 코로나19로 택배를 많이 이용하게 되자 택배 기사님이 너무 힘드시겠다며 집 앞에 작은 탁자를 두고 비타민 음료수를 올려놓고선 예쁜 글씨로 "수고하시는데 음료수 드시고 하세요"라고 적어 두었다. 우리도 외손녀를 따라 했더니 택배 기사님들이 너무 좋아하면서 음료수를 드셨다.

그리고 돈에 대해서는 아주 근검절약해서, 세계에 굶주림으로 시달리고 있는 많은 사람을 도와야 한다면서 어린아이인데도 군것질을 잘 하지 않는다. 하나님 사랑, 이웃 사랑을 당연하게 여기는 모습을 보면 정말 대견하다. 하나님의 말씀은 달고 오묘하며, 생명의 말씀임이 확실하다.

◈ 성경대로 하면 모든 것을 이길 수 있다 ◈

2020 다니엘기도회에 참석한 후 정말 셀 수 없이 많은 분과 교제하게 되었고, 많은 상담도 하게 되었다. 그런 가운데 현실의 어려움을 하나님이 주시는 지혜로 잘 이겨 나가고 있는 분의 소식을 듣고 함께 공유하면서, 다른 문제도 이처럼 성경적으로 대처하면 승리의 길이 보인다는 것을 나누고자 한다.

한 가정의 사례다. 중학교 때까지 매우 착실하고 공부도 잘하던 아들이 고등학교 입학 후 행실이 좋지 않은 친구를 만나 전혀 상상도 못한 길을 걸으면서 어머니는 너무나 큰 어려움에 직면했다. 아들이 친구와 같이 지내면서 새벽 늦은 시간에 귀가하기도 하고 다른 여러 가지 문제들을 일으켜 어머니는 숨이 막힐 정도로 힘들었다(개인의 명예를 위해 상세히 밝히지는 않겠다).

어머니는 처음에는 그 친구가 아들에게서 멀리 떨어지기를 기도했다. 도저히 해답이 보이지 않아 답답한 마음을 감출 길이 없었는데, 성경 말씀을 읽으면서 기도하는 가운데 하나님이 지혜를 주셨다. 그 후 전해 들은 놀라운 소식은 다음과 같다.

요즘은 아들 친구를 집으로 데리고 와서 밥을 먹이고 재우는 일상을 보내고 있어요. 아들이 제일 따르는 친구인데 상준(가명)이라는 아이예요. 상준이는 서울에서 말썽을 많이 일으키고 지방으로 내려와서 아들이 다니는 중학교에 다니게 되었는데, 거기서도 문제를 많이 일으켜 학교에서 문제아였어요. 그런데 그만 아들이 중3 말에 그 아이와 가까워지더니 이렇게 된 거예요.

처음에는 상준이가 너무 싫어서 화내고 만나지 말라고 했는데, 그 아이의 어머니가 돌아가신 거예요. 불쌍하기도 해서 밥도 사 주고 고기도 재서 보냈어요. 지난번에 아들이 집을 나갔을 때 상준이가 도움을 많이 주었거든요. 또 가까이에서 대화를 해 보니 철이 든 이야기도 하고 우리 막내랑도 잘 놀아 주더라고요.

어제 저희 집에서 상준이와 함께 저녁을 먹었는데 이야기를 나누다가 자기도 엄마 따라 새벽기도회를 나갔었다고 해서 깜짝 놀랐어요. 마음속에 하나님이 계시더라고요. 그래서 어제 가족 예배를 같이 드리자고 해서 손잡고 예배를 드렸어요. 아들은 같이 예배를 드리지 않았는데 상준이가 같이 예배를 드렸답니다. '하나님이 이 아이를 돌보라고 그러신 건가?' 하는 생각도 들어요. 예수님이시면 포기하지 않고 사랑으로 돌보셨겠죠. 왠지 하나님이 그 아이를 챙겨 주기를 바라시나 싶은 생각도 들고요. 아들이 상준이가 저희 집에서 자니까 새벽에 나가지 않고, 엄마가 그 친구를 인정해 주니 좋아하는 것 같더라고요.

이 이야기를 듣고는 너무나 감동을 받아 기도할 때 집사님 가족 기도에 상준이도 포함해 기도하게 되었다. 얼마나 소망이 보이는지! 사랑으로 승부를 건다.

기도 응답의 비결 1

◆ 기도 응답의 비결은 항상 성경에 근거한 기도다. 하나님의 속성을 알아 가고 하나님이 우리에게 주고자 하시는 측량할 수 없는 그분의 풍성함을 누리는 비결은 바로 성경 말씀을 통해 하늘 궁정에 들어가는 정확한 번호 키를 배우는 것이다.

◆ 매일 성경을 읽고 오늘 하루 주께서 주시는 말씀과 내가 주께 드리는 말씀(기도)을 기록한다.

◆ 성경을 암송한다. 한 구절이 아니라 장으로 암송하는 것이 좋다. 반복해서 성경을 읽다 보면 앞뒤 문맥과 그 의미가 점점 깨달아진다. 그 말씀을 붙잡고 기도한다.

◆ 어릴 때부터 자녀들에게도 말씀 암송을 가르친다. 성경대로 생각과 가치관과 행동이 따라가게 된다.

◆ 오늘 주께서 주신 말씀과 내가 주께 드리는 말씀(기도)을 적어 보자.

   오늘 주께서 주신 말씀 : _____

   오늘 주께 드리는 말씀(기도) : _____

   _____

주님, 오늘도 부탁해요

"주님, 오늘도 부탁해요" 말씀드리면
주님은 미소 지으시며
"아무 염려하지 말고
따라만 오렴"
언제나 말씀하셨답니다

우리가 할 일은
주님의 지시를 자세히 들으며
따라가는 것뿐이었지요
우리 말을 내지 않고
오직 주만 바라보아야 하는 것이
주님의 지시 사항이었어요
마치 여리고성을
침묵하며 도는 것과 같이 돌았습니다

매일 "주님, 부탁해요"
매 순간 "주님, 부탁해요"
큰 일, 작은 일 "주님, 부탁해요"

우리는 주님께만 말씀드렸지요
"내게는 어떤 어려운 일도 없으며
내게는 못할 일이 없단다"
들려주시는 주의 음성을 따르며
행진을 하였지요

그 결과
모두 주님이 하셨습니다
기도만으로도 충분합니다
이 놀라운 진리를 배웠고
주님 약속이 신실하다는 것을
보여 줄 수 있기에
너무나 행복합니다

우리는 놀라서 또다시 고백합니다
모두 주님이 하셨습니다
기도만으로도 충분합니다
아멘!

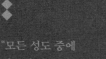

"모든 성도 중에
지극히 작은 자보다 더 작은 나에게
이 은혜를 주신 것은
측량할 수 없는 그리스도의 풍성함을
이방인에게 전하게 하시고"(엡 3:8).

2장

기도의 기준

◇◇◇◇◇◇◇◇◇◇◇◇◇◇◇◇◇◇◇◇

예수님만

◈ 측량할 수 없는 그리스도의 풍성함 전하기 ◈

"나의 하나님이 그리스도 예수 안에서 영광 가운데 그 풍성한 대로 너희 모든 쓸 것을 채우시리라"(빌 4:19). "모든 성도 중에 지극히 작은 자보다 더 작은 나에게 이 은혜를 주신 것은 측량할 수 없는 그리스도의 풍성함을 이방인에게 전하게 하시고"(엡 3:8).

하나님은 성경에서 우리의 모든 쓸 것을 풍성하게 채우겠다고 약속하셨고, 지극히 작은 자보다 더 작은 우리에게 은혜를 주신 목적은 측량할 수 없는 그리스도의 풍성함을 이방인에게 전하게 하려 하심이라고 말씀하셨다. 이 같은 약속에도 사람들이 하나님의 말씀을 청종하지 않고 믿지 않기에 하나님은 매우 안타까운 심정으로 이렇게 말씀하셨다. "나는 너를 애굽 땅에서 인도하여 낸 여호와 네 하나님이니 네 입을 크게 열라 내가 채우리라 하였으나 내 백성이 내 소리를 듣지 아니하며 이스라엘이 나를 원하지 아니하였도다"(시 81:10-11).

조지 뮬러는 일생 동안 사역을 하면서 1만 명이 넘는 고아들을 섬기면서도 200여 명이나 되는 선교사들을 후원했다. 그는 하나님 말씀을 따라갔을 때 신실하신 하나님을 많은 사람에게 보여 줄 수 있었다. 그는 자신이 사역을 하는 두 가지 목적을 이야기했는데, 첫째는 고아들을 돌보기 위해서이고, 둘째는 자기와 같이 가난한 사람도 하나님만을 의지했을 때 모든 것이 가능하다는 사실을 신실하신 하나님을 통해 보여 주려는 것이었다.

조지 뮬러에게 배운 원칙은 다음과 같다.

첫째, 하나님 한 분 외에 절대 사람에게 의존하지 않는다. "귀인들을 의지하지 말며 도울 힘이 없는 인생도 의지하지 말지니 그의 호흡이 끊어지면 흙으로 돌아가서 그날에 그의 생각이 소멸하리로다"(시 146:3-4).

둘째, 빚을 지지 않는다. "피차 사랑의 빚 외에는 아무에게든지 아무 빚도 지지 말라"(롬 13:8).

우리는 어떤 사역을 할 때면 사람들에게 많이 알리고 그들의 돕는 손길을 기대한다. 하지만 그런 방법으로는 사역이 절대 불가능하다. 요즘은 다양한 형태로 빚을 지는 경우가 있는데, 물건을 할부로 구입하거나 은행에서 대출을 받는 식이다. 그러나 우리는 하나님의 약속을 굳게 믿고 하나님의 말씀대로 나아가야 한다. 그때 하나님이 측량할 수 없는 그리스도의 풍성함을 전하게 하시려고 지극히 작은 자 중에 작은 우리에게 은혜를 주셨다는 사실을 증명할 수 있게 된다.

하나님은 굶주리고 헐벗어서 사랑이 필요한 자들에게 우리가 하나님의 사랑의 통로로 쓰임 받기를 원하신다. 그 사실을 성경을 통해 가르쳐 주셨다. "내가 기뻐하는 금식은 흉악의 결박을 풀어 주며 멍에의 줄을 끌러 주며 압제당하는 자를 자유하게 하며 모든 멍에를 꺾는 것이 아니겠느냐 또 주린 자에게 네 양식을 나누어 주며 유리하는 빈민을 집에 들이며 헐벗은 자를 보면 입히며 또 네 골육을 피하여 스스로 숨지 아니하는 것이 아니겠느냐 그리하면 네 빛이 새벽같이 비칠 것이며 네 치유가 급속할 것이며 네 공의가 네 앞에 행하고 여호와의 영광이 네 뒤에 호위하리니 네가 부를 때에는 나 여호와가 응답하겠고 네가 부르짖을 때에는 내가 여기 있다 하리라 만일 네가 너희 중에서 멍에와 손가락질과 허망한 말을 제하여 버리고 주린 자에게 네 심정이 동하며 괴로워하는 자의 심정을 만족하게 하면 네 빛이 흑

암 중에서 떠올라 네 어둠이 낮과 같이 될 것이며 여호와가 너를 항상 인도하여 메마른 곳에서도 네 영혼을 만족하게 하며 네 뼈를 견고하게 하리니 너는 물 댄 동산 같겠고 물이 끊어지지 아니하는 샘 같을 것이라"(사 58:6-11).

하나님은 우리가 부를 때 응답하기를 원하시며 우리가 물 댄 동산같이, 물이 끊어지지 아니하는 샘과 같기를 원하신다. 이를 위해서는 순종하는 믿음이 우선순위가 되어야 한다.

우리는 이 말씀대로, 24시간 언제든지 들어올 수 있는 쉼터가 되도록 문을 열어 두었고, 하나님의 사랑을 전하는 통로가 되는 일에 순종했다. 그때 어려운 현실 속에서 우리가 부를 때에 하나님이 응답하시고 인도하시는 일을 계속 경험해 왔다. 실제 현장 경험을 돌이켜 보면 하나님은 늘 함께하겠다는 약속을 지켜 오셨다. 그래서 우리는 여전히 행복동 주민으로 살아가고 있다.

사도 바울은 "우리가 그 안에서 그를 믿음으로 말미암아 담대함과 확신을 가지고 하나님께 나아감을 얻느니라"(엡 3:12)라고 말했다. 우리는 과연 담대함과 확신을 가지고 하나님께 나아가고 있는가? 우리가 주님 안에서 주님을 믿음으로 말미암아 담대함과 확실한 믿음이 생기는 것이 최우선이라는 사실을 이 말씀을 통해서 다시 한 번 확신할 수 있다.

◈ 무료 숙식과 무료 의료 서비스, 단지 예수님처럼 ◈

사랑으로 노숙자들을 섬기는 이야기는 코로나19로 모두 힘들어하는 이 시대에 참으로 훈훈한 그리스도의 향기를 맡게 해 주었다. 또한 덕양구 15개 교회들이 연합해서 헌혈 운동을 해 우리 주님이 오신 성탄절다운 성탄절 소식을 들려주어 참 감사했다.

우리는 외국인 노동자들을 대상으로 무료 숙식을 제공하는 외국인 쉼터를 20년 동안 운영했는데, 소수이지만 같이 지냈던 한국 사람 몇몇이 떠오른다. 오갈 데 없는 독신 할머니는 몇 년간 쉼터에서 사셨고, 집세를 낼 수 없는 한 남자도 무료로 숙식했으며, 어떤 분은 쉼터에 와서 참 신앙을 배우고 싶다며 거주하기도 했다.

무료 숙식과 함께 무료 의료 혜택을 제공했는데, 의료 혜택으로 인해 전국에서 찾아오는 외국인들의 수가 셀 수 없을 정도로 많았다. 그 긴 세월 동안, 쉼터에서 자다가 갑자기 중병에 걸린 경우도 많았다. 한 예로, 중국에서 온 유중은 밤에 잠을 자다가 뇌출혈이 와서 밤 12시에 병원으로 가서 수술해 600만 원의 치료비가 들었다. 또한 새벽에 갑자기 아파서 연락이 오는 경우도 있었고, 어떤 이는 아픈 사람을 택시에 태우고 오기도 했다.

한 외국인 부부는 출산이 가까워지자 쉼터 근처에 방을 얻은 후 아기를 낳았다. 물론 병원비는 우리가 담당했으며, 윤 권사 님은 갓난아기 목욕까지 해 주면서 한 달 동안 마치 친정 엄마 처럼 산모를 돌보아 주셨다. 태어난 아기는 남아였는데, 예수님 을 찬양하는 의미에서 '예찬'이라고 이름을 지어 주었다.

이 모두는 예수님이 조건 없이, 생명까지도 주실 만큼 우리를 사랑하신다는 사실을 직접 체험하게 한 시간이었다. 우리는 그 저 우리에게 이 일을 맡기신 하나님께 감사할 뿐이다.

◈ 예수님이라면 어떻게 하셨을까? ◈

외국인 노동자들은 열악한 환경에서 일을 하기에 환자가 정말 많이 생긴다. 그런 그들에 대해 예수님이라면 어떻게 하셨을까? 우리는 그 해답을 성경에서 볼 수 있다. 예수님은 아무리 바쁜 일정이라도, 길을 가다가도 지극히 작은 자의 외침을 무시하지 않으셨다. 성경에는 예수님이 "모든 병자를 고치셨다"라고 기록 되어 있다. 예수님은 그들을 항상 불쌍히 여기셨고 집까지 찾아 가 치유해 주셨다.

2000년 시작한 홀리네이션스선교회 사역은 문을 열자마자 외국인 노동자 환자들이 도움을 요청하기 위해 쏟아져 들어왔다. 그때 우리 행복동 특공대들과 몇 가지를 놓고 회의를 했다. "의료 혜택을 주게 되면 의료보험이 없는 외국인들에게 상상할 수 없는 액수의 의료비가 드는데, 누구를 대상으로 해야 하는가? 교회에 등록한 외국인 중에서 몇 달 이상 다닌 사람에게만 줄 것인가, 아니면 모두를 대상으로 할 것인가?"라는 질문이었다. 당시 우리는 예수님을 모델로 '모든 사람'에게 의료 혜택을 주기로 결정했고, 그때부터 전국에서 외국인 노동자 환자들이 몰려들었다.

그러면 우리가 예수님을 모델로 따랐을 때 과연 예수님이 그분의 말씀대로 모든 것을 채워 주셨을까? 대략 몇 명에게 얼마 정도의 의료 혜택을 주었을까? 대답은 수백 명이다. 사실 우리는 몇 명인지 알 수 없을 정도로 왕성하게 이 사역을 이어 왔다. 그간 단 한 번도 병원에 가서 병원비가 모자라니 며칠만 기다려 달라고 부탁하거나 깎아 달라고 사정한 경우는 없었다.

우리가 이 일을 계속할 수 있는 비결이 있다. 그중 하나는 하나님이 일을 맡기시고는 언제나 말씀대로 행하시기 때문이다. "너희 안에서 행하시는 이는 하나님이시니 자기의 기쁘신 뜻을 위하여 너희에게 소원을 두고 행하게 하시나니"(빌 2:13).

성경은 지극히 작은 자 하나에게 한 것이 곧 예수님께 한 것이라고 말한다(마 25:40). 이 말씀에 순종할 때 하나님은 온 세계를 움직이며 조지 뮬러의 기도에 응답하신 것같이, 지금까지 우리 천사들의 행진을 바라보며 역사하셨다. 그 역사가 얼마나 경이로운지 이루 다 말할 수 없을 정도이며, 이는 우리가 사역을 계속해 나갈 수 있는 비결이다.

여기서 참 흥미로운 사실 하나를 이야기하고 싶다. 극심한 고통을 안고 찾아온 수많은 외국인 노동자 환자들 중에, "이제부터는 우리가 병원에 데리고 가서 돌보아 줄게요"라는 우리의 말을 듣고는 "그게 사실인가요? 진짜 돈 있어요?"라는 질문을 한 사람이 단 한 명도 없었다는 것이다. 오히려 그들은 걱정하고 초조해하던 모습에서 안심하는 표정으로 바뀌었다.

그러나 우리는 어떠한가? 하나님의 약속을 입으로는 "믿습니다"라고 고백하지만 과연 하나님이 우리의 모든 쓸 것을 채우신다는 사실을 온전히 믿지는 못하지 않는가? 그런 이유로 조지 뮬러 같은 특별한 사람이나 기도 응답을 받을 수 있다고 착각하는 것은 아닌지 모르겠다.

❖ 보리떡 5개와 물고기 2마리 ❖

한 명의 암 환자를 치료하는 데도 엄청난 비용이 드는데, 동시에 두 명의 암 환자가 있다면 과연 그 비용을 사람들에게 모금하지 않고 하나님만 신뢰하면서 충당할 수 있을까? 그 일이 가능했던 경험은 참으로 축복 중의 축복이었다.

우리는 두 명의 암 환자를 데리고 대학병원에 가서 수술하고 항암 치료 및 방사선 치료를 번갈아 받도록 도왔다. 처음 두 명을 데리고 병원에 가서 접수할 때가 생각난다. 원무과 직원분이 이런 경고를 하셨다. "외국인을 돕는다고 한국인을 괴롭히기 없기예요!" 그 말에 단호하게 대답했다. "그런 일은 우리 사전에는 없을 것입니다."

놀랍게도, 그때 학업을 마치고 취업한 청년이 모 기업에서 스카우트하면서 지불한 금액을 첫 직업을 주신 하나님께 감사드리는 마음으로 전액 그들의 치료비에 보태라고 보내 주었다. 우리는 그 돈으로 두 명의 암 환자를 치료하면서 시편 23편에 기록된 다윗의 고백을 진심으로 함께 아뢰었다. "여호와는 나의 목자시니 내게 부족함이 없으리로다"(시 23:1).

하루는 당시 우리에게 경고하셨던 대학병원 원무과 직원분이 연락을 해 왔다. 한 방글라데시인 아버지가 우리와 무관하게 그 병원에 어린아이를 입원시켰는데, 퇴원하는 날 돈이 없다고 한다면서 그를 도와줄 수 있느냐고 묻기 위해서였다. 우리는 아이의 병원비를 지불해 주었는데, 후에 엄청난 이자를 돌려받는 일이 생겼다(자세한 내용은 이어지는 깐숙 이야기를 참조하라).

우리는 단 한 번도 간접적으로라도 돈이 필요하다면서, "두 명의 암 환자가 있습니다. 기도해 주십시오"라는 식으로 사람들의 감정에 호소해 본 적이 없다. 단지 오병이어의 기적을 보기 위해서는 먼저 보리떡 5개와 물고기 2마리를 하나님께 올려 드려야 한다는 것을 기본 원칙으로 삼아 왔다. 하나님은 언제나 경이로운 천사들의 행진을 통해 필요한 모든 것을 채워 주셨다.

◈ 먼저 주기만 하면 ◈

깐숙이라는 한 몽골 청년이 있는데, 동대문시장에서 물건을 구입해 자기 나라로 돌아가 장사를 하려고 잠시 한국을 방문한 차에 그만 길에서 뇌졸중으로 쓰러지고 말았다. 지금은 몽골 사랑의궁정교회에서 사역하고 있는 나라 목사님이 당시에는 신학대학원을 다니고 있었는데, 그분을 통해서 깐숙이의 이야기를 듣고는 대학병원 중환자실에 입원시켰다.

깐숙이를 치료하는 데 거액의 병원비가 들었다. 하지만 우리는 이 일을 통해 예수님의 가르침이 진실임을 체험했다. "주라 그리하면 너희에게 줄 것이니 곧 후히 되어 누르고 흔들어 넘치도록 하여 너희에게 안겨 주리라 너희가 헤아리는 그 헤아림으로 너희도 헤아림을 도로 받을 것이니라"(눅 6:38).

앞서 방글라데시 어린이의 병원비를 우리가 지불해 주었던 일을 기억하고 계셨던 원무과 직원분이 갑자기 사고가 난 외국인을 지원하는 국가 기관에 연락해 깐숙이의 병원비 지원을 받도록 많은 도움을 주셨다. 깐숙이는 한국에서 치료를 받고 몽골로 돌아갔다.

이후 우리 선교회 특공대들이 몽골을 방문했는데, 그때 깐숙이는 정말 놀라워서 입을 다물지 못하게 해 주었다. 우리가 탄 비행기가 거의 밤 12시에 도착했는데 우리 쉼터에서 무료 숙식을 했던 외국인들, 취업해서 직장을 가졌던 사람들을 모두 모아 공항에 마중을 나온 것이다. 깐숙이는 15인승 승합차를 몰고 와서 우리 일행이 몽골에 있는 동안 우리를 안내하는 일에 앞장섰다.

깐숙이의 섬김을 받으면서, 우리가 누군가에게 복음을 전하고 사랑으로 섬길 때 그간 서로 잊고 지냈다 할지라도 어느 날 천국에 가면 너무나 반갑게 서로를 맞이할 것이라는 생각에 기뻤다.

◈ 갑자기 생긴 환자들 ◈

새벽에 캄보디아인 실럿이 갑자기 배가 많이 아프다고 전화를 했다. 서둘러 그를 태워 병원에 가니 급성맹장염이어서 바로 수술실에 들어갔다. 그날 역시 천사들의 행진은 계속되었는데, 그 과정이 참 재미있었다.

어떤 분이 교회에 새로 등록한 후 새 신자 등록 기념으로 내 책을 선물 받았는데, 자신이 먼저 그 책을 보고 나서 언니에게 주었다. 책을 읽은 언니는 그날 실럿이 입원한 사실을 당연히 알지 못했는데 천사들의 행진을 했고, 그분을 통해 실럿의 병원비가 해결되었다.

이후 그분은 새벽에 쉼터에서 지내고 있던 인도인 보이누가 갑자기 심하게 아파서 병원에 입원했을 때도 어떻게 알았는지 천사들의 행진에 앞장을 섰다. 이외에도 많은 천사들의 행진에 솔선수범했는데, 두 가지 사례만 간추려 보았다.

보이누가 새벽에 병원에 간 그 주간에 우리는 2월과 8월이면 모두 지불해야 하는 2,000만 원이 넘는 학생들의 학비를 마련해야 했다. 그렇다 보니 몇백만 원 소요되는 보이누의 병원비가 따로 저축되어 있지 않았다. 그런데 하나님은 우리의 모든 상황을 가장 정확하게 알고 계셨고, 온 세계를 움직여 천사들의 행진을 하게 하심으로 언제나 우리가 구하거나 생각하는 것보다 넘치게 일하셨다(엡 3:20).

◈ 하나님의 방식으로 채워진다 ◈

젊은 나이에 갑자기 남편을 떠나보내고 세 아이를 키우면서 살던 사이항은 유방암에 걸려서 치료를 위해 한국에 왔다. 많은 외국인이 사이항의 경우처럼 한국에 와서 암 센터 근처에 오피스텔을 얻어 묵으면서 암 치료를 받고 있다. 그런데 오피스텔 비용이 외국인들에게 만만치 않고, 병원비를 마련하느라 전 재산을 털었기에 한국에 와서는 도저히 감당하지 못하는 경우가 너무나 많다.

사이항은 몽골에서 2,500만 원의 부채를 안고 치료 차 한국에 왔는데 보험이 없어 돈이 금방 바닥났다. 우리가 사이항에게 사용한 병원비만도 7,500만 원이나 되었다. 수술, 항암 치료, 방사선 치료 등 비용이 엄청났다. 하지만 그에 못지않게 천사들의 행진도 참으로 다양하게 이루어졌다. 우리는 하나님이 하시는 일을 구경만 해도 입이 떡 벌어지곤 한다.

현재 사이항은 한국에서 치료를 다 받고 몽골로 떠났다. 하지만 남편 없이 홀로 세 아이를 키워야 하기에 우리가 몇 년째 월 50만 원씩 공급해 주고 있다. 몽골 교수 월급이 월 40만 원이라는 점을 감안하면 사이항은 풍성한 하나님의 은혜를 만끽하는 중이다.

우리는 종종 "선교회 홈페이지에 계좌번호도 적혀 있지 않은데 어떻게 그 많은 돈이 충당되나요?"라는 질문을 받는다. 그러나 사람을 의지해 계좌번호를 올려놓을 필요는 없다. 우리의 필요는 모두 하나님의 방식으로 채워진다.

하루는 우리가 주일예배를 드리려고 하는데 처음 보는 분이 예배에 참석하셨다. 우리는 그날 서로 인사를 나누었는데, 그분은 먼 곳에서 와서 천사들의 행진을 하셨다. 그리고 한 번씩 천사들의 행진을 할 때마다 우리를 놀라게 하셨다.

　한 예로, 다음 날 사이항의 병원비를 많이 지불해야 하는 어느 날 저녁이었다. 갑자기 그분이 전화를 하셨다. "지금 일산에 볼 일이 있어서 왔는데 댁에 계시면 방문해도 될까요?" 보통 친밀한 사이일 때 집에 방문하는데, 그분은 하나님이 마음을 움직여 주셔서 우리 집까지 와서 병원비를 전달해 주셨다. 물론 그분은 우리 선교회에서 어떤 일이 진행되고 있는지를 전혀 모르신다. 그다음에도 필요가 있을 때 그분은 갑자기 연락을 하셨고, 우리는 산책하기에 너무나 좋은 날씨라서 일산호수공원에서 만나 대화하며 시간을 보냈다. 그분은 그날도 너무나 필요한 천사들의 행진을 하셨다.

　우리는 이같이 하나님의 방법으로 셀 수 없이 많은 하나님 아버지의 집을 두드리는 모든 환자가 치료받을 수 있도록 돕는다.

◆ 하나님 한 분 외에 절대 사람에게 의존하지 않는다. 하나님이 우리의 모든 쓸 것을 채우신다는 사실을 온전히 믿어야 한다. 그때 언제나 우리가 구하거나 생각하는 것보다 넘치게 일하시는 하나님을 경험할 수 있다.

◆ 하나님께 순종하는 믿음이 우선순위가 되어야 한다. 말씀을 읽고 구한 대로 담대함과 확신을 가지고 나아가야 한다.

◆ 작은 일에도 계산하기보다 '예수님이라면 어떻게 하셨을까?'를 먼저 생각한다. 예수님을 모델로 따라가다 보면 풍성하게 채워 주신다.

◆ 오늘 하루 예수님만 기준으로 삼고 살아가겠다는 기도를 적어 보자.

_____

_____

_____

_____

_____

_____

아픈 사람들을 위한 기도

주님을 따라오라고 말씀하셔서
부지런히 따라갔습니다
주님은 언제나
바쁘신 걸음으로 가시다가도
각색 병자들의 외침에 발걸음을 멈추셨지요
사람들이 만지기 꺼려하는 병명의 환자들
감염될 수도 있는 환자들
주님의 눈길은
불쌍히 여기심으로
주님의 손길은
고쳐 주고 싶으신 마음으로
그들을 안아 주셨습니다

당신의 손길은
어떤 병자도 일으켜 주셨고
눈먼 자에게는 시력을
걷지 못하는 자에게는 걸을 수 있게 하셨고
고칠 수 없는 병들도

당신의 손은 낫게 하셨습니다

각색 병자를 고치셨습니다

당신의 옷자락에 손을 닿기만 해도

어떤 질병도 떠나갔습니다

당신의 사랑을 본받게 하소서

당신의 희생을 본받게 하소서

병들어 고통당하는 수많은 환자를

당신의 마음으로 섬기게 하소서

우리의 연약함을 가져가신 주님이시여

당신의 발자취를 따라가게 하소서

아픈 사람들에게 말과 혀로만

사랑하는 것이 아니고

행함과 진실함으로 그들의 고통을 덜게 하소서

쓰임 받는 것만으로도 영광스러운

당신의 가신 발자취

불러 주셔서 진심으로 감사드립니다

"또 네가 많은 증인 앞에서 내게 들은 바를
충성된 사람들에게 부탁하라
그들이 또 다른 사람들을 가르칠 수 있으리라"(딤후 2:2).

3장

기도의 척도

즐거운 순종

◈ 외국인을 위한 장학 사업 ◈

우리는 한국인을 외국에 파송하는 것보다 한국에서 현지인에게 장학금을 주어 공부할 수 있도록 돕고 훈련시켜 자국으로 보낸다. 그러면 언어 문제나 문화 장벽이 아무런 문제가 되지 않음을 눈으로 보고 확인하고 있다. 현지인을 통해 훨씬 더 효과적인 선교가 가능하다.

처음 장학 사업을 시작할 때였다. 우리나라에 복음을 전하려고 왔다가 양화진에 묻히신 주님의 심복들 앞에서 이렇게 기도했다. "하나님, 이분들은 우리나라에 학교를 지어 주시고, 하나님의 사랑과 새로운 문화를 우리 민족에게 전해 주셨는데, 우리는 그렇게까지는 못해도 10명 이상의 외국인들에게 장학금을 주어서 가르치겠습니다." 언제나 풍성하신 우리 아버지 하나님은 10명이 아니라 계속 불어나 50명이 넘는 외국인들을 우리에게 맡겨 주셨다.

20년이 지난 지금, 외국인들의 대학과 대학원 학비가 2000년 초기와 비교해 2배 정도 올랐다. 그리고 쉼터에서 머물고 있더라도 차비와 점심 식사 비용을 충당하기 위해서는 한 달에 1인당 약 50만 원의 생활비가 필요하다. 1년에 두 차례 지급해야 하는 학비와 매월 필요한 생활비는 그 액수가 상당하다.

그러나 우리는 이 일을 감당하는 데 있어서 우리가 하는 것이 아님을 안다. 우리는 우리 앞에서 총 진두지휘하시는 주님의 손길을 늘 바라본다. 그리고 언제나 풍성하게 채우시는 주님이 약속을 이행하시는 모습을 보며 지금껏 지내 왔다.

한번은 우리에게 맡겨진 학생들의 학비를 전부 지급한 후에 우리 학생이 자신이 다니는 신학대학원에 함께 재학 중인 다른 외국인 학생을 선교회에 데리고 왔다. 사연은 이러했다.

그 학생이 다니는 신학대학원 교수가 학생의 나라를 방문했을 때 자기 교회 교인이 수천 명 되니까 신학생 한 명을 공부시키는 일은 교인들이 조금씩만 헌금하면 별 문제가 없을 것이라고 생각해 한국으로 데리고 왔다. 사실 전 교인이 1만 원씩 단

한 번만 지원을 해도 신학대학원 3년 과정을 마칠 수 있었다. 그런데 한 학기 등록금만 지원되었을 뿐 이후에는 감당이 안 되어 교수가 그를 돌려보내려 한다고 했다.

그 학생이 자국으로 돌아갈 경우 신앙마저 잃어버릴까 봐 마음이 아팠다. 하지만 우리는 이미 많은 학생의 학비를 지원해서 더 이상 장학금이 없었다. 그때 기도하고 있는데 한 분에게서 전화가 왔다. 자신은 올해부터 1년에 두 번 헌금을 하려고 한다는 내용이었다. 그분은 이화여자대학교 출신이셨다. 그분께 한국 최초의 여성 교육 기관인 이화여자대학교를 설립하신 분이 선교사님이신데, 우리도 장학 사업을 하고 있으며, 그분의 헌금으로 한 외국인의 학비를 도울 것이라고 전했다. 그분은 그 이야기를 듣고는 1년에 두 번 하겠다는 헌금을 그날 바로 전부 송금해 주셨다. 그분의 헌금으로 우리는 그 학생의 학비를 지원할 수 있었다.

또 언젠가 우리 학생들 모두에게 장학금을 지불한 후 뒤늦게 한국에 도착한 한 외국인 학생이 쉼터로 왔다. 그는 우리 학생 중 한 명의 가족이었다. 그 학생도 도와주어야겠다는 생각이 들었다. 하나님은 항상 우리에게 일을 맡기시면 그와 동시에 천사들의 행진도 하셨다. 그날 천사들의 행진을 하신 분은 해외에 거주하시는데 마침 자녀가 아파서 한국에 치료 차 와서 입원시키셨다. 그러면서 '나는 한국인으로 한국에 왔는데도 외국 거주민이라 여러 가지 힘이 드는데 외국인들은 얼마나 힘들까?' 하는 생각이 들었다면서 천사들의 행진을 하셔서 그 학생의 학비가 해결되었다.

이외에도 늘 학비를 지불하느라 힘든 2월과 8월에 갑자기 전화를 해서 꼭 장학금으로 사용하고 싶어서 헌금한다고 보내온 천사들의 행진이 있었다. 이에 우리는 "역시 항상 신실하신 하나님, 감사합니다"라고 고백할 수 있었다.

지구촌교회에서 말씀을 전할 기회가 있었다. 우리는 그날 근처 한 상가 교회에서 일어난 일을 듣게 되었다. 그 교회 사모님이 교인들을 태우고 예배드리러 교회에 오시는데, 할머니 한 분이 차에 타신 줄 알고 출발했는데 실은 미처 차에 타시기 전이라 대형 사고가 났다. 그 할머니의 딸이 장애인이라 할머니가 돌봐야 했는데 사고로 엄청난 액수의 병원비가 나왔다. 이 일로 목사님 가정은 사택의 월세 보증금을 빼서 병원비를 물어 주고 교회 상가로 이사하려던 참이었다.

그날 성령님이 장학금으로 사용하고 싶다고 헌금한 손길에 할머니의 병원비를 도와드리라는 마음을 주셔서 그 일이 해결

되었다. 우리는 항상 살아 계신 하나님의 임재를 보는 기쁨으로
계속해서 달려가고 있다.

◈◈ 해외 8개 교회와 한국 외국인 쉼터 건축 ◈◈

하나님은 홀리네이션스선교회 창립 전에 터키와 인도에 교회를
설립하셨고, 이후 선교회에서는 몽골, 네팔, 러시아, 중국 하얼
빈과 연길, 캄보디아, 그리고 한국 외국인 쉼터까지 세웠다. 우
리는 다 합해 모두 9회의 건축을 했다. 일반적으로 건축을 한다
고 하면 모금을 하고, 돈을 걱정하고, 건축에 온갖 정성을 쏟는
다. 하지만 우리는 하나님이 하시면 그러한 인간적인 방법이 전
혀 필요하지 않다는 사실을 목도했다.

1994년 하나님이 인도를 방문해 슬럼가에 미션 스쿨과 교회
를 겸한 건물을 건축하게 하셨다. 현재 인도에서는 한국에서
신학대학원을 졸업한 세이보이, 탕보이 목사님이 각각 미션 스
쿨과 고아원을 설계해 진행 중이다. 건축헌금은 이미 다 준비
되었다.

학교도 없는 인도의 슬럼가를 방문한 1994년, 그들에게 미션

스쿨을 지어서 공부를 가르치며 복음을 전하고 싶은 마음에 기도를 드렸다. 그때 한 자매가 어린 딸의 돌을 맞이해 하나님이 기뻐하시는 일을 하고 싶다고 자원해 미션 스쿨 건축이 일사천리로 진행되었다. 우리 선교회에서 진행한 건축에는 특징이 하나 있는데, 이처럼 모금을 하지 않고 소수가 감당했다는 점이다.

한국에서의 건축 비용은 상당했다. 2010년에 현재 사용하는 3층 건물의 쉼터를 세웠고, 그해 몽골과 러시아, 네팔에 동시에 건축을 진행했다. 사람의 계산기로는 참으로 불가능한 일이었다. 현재 사용하는 쉼터를 짓기 전에 임시로 세를 얻어 사용하다가 3층 건물을 건축했는데, 쉼터 건축 비용은 단 두 가정이 모두 담당했다.

건축을 마치고 내부 시설 공사에도 많은 비용이 필요했다. 그리고 그때도 천사들의 행진은 참으로 놀라웠다. 아직 이사하기 전이었는데, 우리가 쉼터를 건축하고 있는지 전혀 모르시는 분이 전화를 했다. 그분은 그날 단 한 번 만났고 이후에도 만난 적이 없다.

그분은 갑자기 전화를 해서 모 기업의 복지 센터 직원인데 그해에 남은 비용을 모두 사용하고자 가장 필요한 곳을 찾고 있었다며 전화한 목적을 밝히셨다. 그분은 비가 오는 날 우리를 찾아오셔서는 복지 센터에 많은 분이 와서 도움을 요청하는데 우리에게만 도움을 주고 싶었다고 이야기하셨다.

그러면서 자신이 다니는 교회의 한 교인이 우리 선교회가 외국인을 돕는 선교를 하는데, 우리도 많은 재정이 필요한 가운데 다른 곳을 돕고 있다는 이야기를 듣고 우리를 선택했다고 설명하셨다. 성경 말씀이 그대로 적용되는 체험을 한 날이었다. "구제를 좋아하는 자는 풍족하여질 것이요 남을 윤택하게 하는 자는 자기도 윤택하여지리라"(잠 11:25).

이후 우리는 복지 센터에서 보내 준 후원금으로 외국인을 위한 2층 침대와 냉장고 등 필요한 가재도구를 모두 마련할 수 있었다. 쉼터 건축은 그렇게 쉽게 끝났다.

쉼터는 24시간 문이 열려 있어 아픈 사람이나 갈 곳 없는 사람이 언제든 아버지 집에 들어올 수 있다. 이곳은 무료 숙식을 제공하면서 사랑으로 복음을 전하는 일에 승부를 건다.

쉼터를 건축하던 해에 몽골, 네팔, 러시아에 동시에 건축을 했으니, 그해 연말 통계가 기하급수적으로 늘어났다. 그러나 예수님이 회장님이신 행복동에서는 여전히 주님이 직접 일하고 계신다. 우리는 단지 우리보다 앞장서서 행하시는 주님을 바라보고 걸어가면 된다.

◈ 별별 일 속 별별 기도 ◈

우리나라 사람들은 친구들이나 지인에게 안부를 물으며 "별일 없어?"라고 말한다. 나는 그런 질문을 받으면 이렇게 대답하고 늘 같이 웃는다. "늘 별일 속에서 사는데 별일이 없느냐는 질문을 해?" 별일은 노상 생기는데 말이다.

우리 선교회에서는 1년에 한 번은 학생들에게 비행기 표를 사 주어 자국을 방문하게 하는데, 언젠가 인도 학생 4명이 미리 앞당겨서 집을 방문하고 싶다며 자기들이 표를 구입해 인도로 갔다. 그들은 각각 사는 지역이 달랐다. 지방으로는 각자 알아서 가기로 했고, 일단 뉴델리에서 만나 한국에 들어오기로 약속하고 표를 구입했다.

그런데 어찌 된 일인지, 뉴델리에 모두 모여 비행기 표를 확인해 보니 제대로 예약이 되어 있지 않았다. 비행기 표를 새로 구입해야만 했다. 인도에서 갑자기 오도 가도 못하는 상황에 처한 그들이 급하게 우리에게 연락을 해 왔다. 우리가 빨리 송금해 비행기 표를 구입해 주지 않으면 그곳 공항에 발이 묶여 며칠을 대기해야 했다.

4명의 비행기 값은 만만치 않았다. 하지만 시간을 미룰 수는 없었다. 천국 은행에서 신속하게 송금이 와야 했다. 그때 마침 우리 선교회에서 천사들의 행진을 하시는 어떤 분이 긴급한 일이 있는지도 모르고 도움의 손길을 보내 주셨다. 다음과 같은 고백과 함께.

늘 쉬지 않고 귀한 사역을 하고 계신 권사님께 성령의 인도하심으로 제 마음이 움직여 작은 마음을 보냈습니다. 제가 바리새인과 같은 믿음으로 살 때 권사님의 책을 구입해 읽으면서, 자신의 죄를 보며 조금씩 성령의 이끄심에 눈을 뜨게 해 주셔서 너무 감사했어요. 늘 기도로 돕겠습니다.

하나님은 늘 우리를 보고 계시다가 퀵서비스가 필요하면 퀵서비스를 보내신다.

현재 사용하고 있는 쉼터 3층 건물을 건축하기 전에 우리는 2층짜리 건물 중 1층에 세를 얻어 사용했다. 쉼터에 외국인들이 늘어나자 방과 마루 끝까지 빼곡히 누워 잠을 자야 했다. 따라서 2층까지 우리가 사용하면 너무나 좋을 것 같아서 기도를 드렸다. 곧 그곳에 세 들어 살던 사람이 더 좋은 아파트로 이사를 가게 되었고, 우리가 계약해 쉼터를 더 넓게 사용할 수 있게 되었다. 얼마나 감사했는지 모른다.

◈ 순종한 만큼 하늘 문이 열린다 ◈

"내 말을 들으라 너희 중에 선지자가 있으면 나 여호와가 환상으로 나를 그에게 알리기도 하고 꿈으로 그와 말하기도 하거니와 내 종 모세와는 그렇지 아니하니 그는 내 온 집에 충성함이라 그와는 내가 대면하여 명백히 말하고 은밀한 말로 하지 아니하며 그는 또 여호와의 형상을 보거늘"(민 12:6-8). 하나님과 친밀하여 순종한 모세에게는 하나님을 대면하여 명백히 말씀하시는 그분을 뵙는 특권이 주어졌다. 모세의 충성에 대한 하나님의 선물은 바로 이러한 기도 응답의 특권이었다.

한번은 우리 외국인들을 위해서 오케스트라 연주를 하러 오겠다는 전화가 왔다. 그러면서 오케스트라 단원들이 앉아서 연주를 해야 하는데, 접이식 의자 50개가 있느냐고 문의했다. 당시 우리 교회는 건축을 하지 않았고 식당이 좌식이었기에 접이식 의자가 몇 개 없었다.

교회 사무실에 전화해서 문의를 했다. 목사님이 전화를 받아

대화를 막 시작하려는데, 그때 누군가 사무실 문을 두드린다며 목사님이 잠시 기다리라고 하셨다. 잠시 후 목사님이 다시 전화를 받으시고는 자초지종을 설명하셨다. 전 주일에 등록하신 새신자가 밖에서 문을 두드려서 열어 보았더니 교회에 새로 등록한 기념으로 접이식 의자 50개를 기증하려고 배달을 시키셨다는 것이다.

그 이야기를 들으면서 너무나 놀라웠다. 교회에 새로 등록한 기념으로 접이식 의자를 가져오고, 그것도 필요한 개수까지 정확하게 맞추어 50개를 준비하시다니! 하나님이 그 마음을 움직이셔서 의자를 준비하게 하신 것이다. 우리는 하나님이 하신 일을 보며 그저 경이로울 뿐이었다. 다음 주가 되어 외국인들 모두가 기쁘고 행복한 마음으로 오케스트라 연주회를 들을 수 있었다.

조지 뮬러가 아침에 고아들에게 줄 빵이 없을 때 기도하자 새벽에 빵이 배달된 이야기를 기억할 것이다. 빵을 가져온 사람은 고아들을 위해 빵을 구울 마음을 하나님이 주셨다고 고백했다. 이처럼 빵을 구워 가지고 오고 세계를 움직이는 고백을 우리도 동일하게 하고 있다. 우리에게도 그런 일이 노상 일어나고 있다.

한번은 쉼터에 필요한 물건을 살 돈이 없었다. 그때 마침 어느 교회 여전도회에서 모금을 해서 필요한 곳에 나눔을 하고 싶어 기독교 방송에 전화를 했다. 추천해 줄 곳을 문의하니 우리를 추천해 주셨다. 그분들은 우리가 쉼터에 필요한 물건을 사야 할 정확한 시간에 정확한 금액을 가지고 찾아오셨다. 하나님의 역사는 항상 참으로 경이롭다. 당시 나는 기독교 방송에 출연한 적이 없는데 어떻게 내 전화번호가 전달되었는지 지금도 궁금하다.

언젠가 쉼터 근처에 지인의 집을 방문하신 한 분이 여느 집으로 보이는 곳으로 외국인이 쑥 들어가는 광경을 보고 궁금해서 따라 들어오셨다. 그분은 그곳에 많은 외국인이 살고 있는 모습을 보고는 어떤 곳인지 물으셨다. 설명을 다 들으신 후 그분은 외국인들에게 음식을 나누고 싶다며 천사들의 행진에 동참하셨다.

"근심하는 자 같으나 항상 기뻐하고 가난한 자 같으나 많은 사람을 부요하게 하고 아무것도 없는 자 같으나 모든 것을 가진 자로다"(고후 6:10). 이 말씀대로 남을 돕고 섬기려는 그리스도인은 다른 사람들의 눈에 여러 가지로 항상 근심하는 사람 같아 보이지만 사실은 하나님이 직접 행하시는 일을 보고 항상 기뻐

한다. 또한 겉으로 보기에는 가난한 사람 같지만 하나님의 자녀이기에 많은 사람을 부요하게 한다. 그리고 그는 남이 볼 때 아무것도 없는 사람 같으나 모든 것을 가진 사람이다. 하나님 한 분만 함께하시면 삶 속에서 이 모두를 증명해 보일 수 있다.

◆ 사역을 감당할 때 우리가 하는 것이 아님을 알아야 한다. 주님이 일하심을 신뢰하고 우리보다 앞장서서 행하시는 주님을 바라보고 걸어가면 된다. 그때 성경 말씀이 그대로 응답되는 체험을 하게 된다.

◆ 순종한 만큼 하늘 문이 열린다. 충성에 대한 하나님의 선물은 기도 응답의 특권이다.

◆ 말씀대로 남을 돕고 섬기려는 그리스도인은 하나님의 일하심을 가장 가까이서 볼 수 있다. 말씀에 순종하면 삶 속에서 하나님의 살아 계심을 증명해 보일 수 있다.

◆ 하나님이 주신 말씀을 내 삶 속에서 즐겁게 순종하기 위한 기도를 적어보자.

_____

_____

_____

_____

_____

_____

내 주님의 죽으심으로

내 주님의 죽으심으로

나의 근심을 모두 가져가서서

근심하는 자 같으나

항상 기뻐하는 삶이 되었습니다

내 주님의 죽으심으로

가난한 자 같으나

많은 사람을 부요하게 하는

신비한 삶이 되었습니다

내 주님의 죽으심으로

아무것도 없는 자 같으나

모든 것을 가진 자가 되었습니다

내 주님의 죽으심으로

우리의 연약함도 가져가셨고

채찍에 맞음으로

우리의 질병은 나음을 입었습니다

내 주님은 가르쳐 주셨습니다
내가 죽음으로 너희는 생명을 얻었고
풍성한 삶이 주어졌다고…
나 대신 당한 당신의 고난의 대가로
주어진 모든 것 감사드립니다

"감사함으로 그의 문에 들어가며
찬송함으로 그의 궁정에 들어가서
그에게 감사하며 그의 이름을 송축할지어다"(시 100:4).

4장

기도의 마음

그럼에도 감사

❖ 감사 기도를 통해 응답받은 기도 ❖

기도 응답이 되지 않는 것은 하나님의 궁정에 들어가지 못하고 밖에서 소리를 지르는 것과 같다. 성경을 통해 배운 것은 하나님이 가장 좋아하시는 언어는 '감사'라는 사실이다. 성경에는 '감사'라는 단어가 무려 176회나 쓰여 있다. "감사함으로 그의 문에 들어가며 찬송함으로 그의 궁정에 들어가서 그에게 감사하며 그의 이름을 송축할지어다"(시 100:4). "내가 노래로 하나님의 이름을 찬송하며 감사함으로 하나님을 위대하시다 하리니 이것이 소 곧 뿔과 굽이 있는 황소를 드림보다 여호와를 더욱 기쁘시게 함이 될 것이라"(시 69:30-31).

또한 성경은 입에 발린 얕팍한 감사가 아니라 넘치게 감사하라고 우리에게 가르쳐 준다. "그 안에 뿌리를 박으며 세움을 받아 교훈을 받은 대로 믿음에 굳게 서서 감사함을 넘치게 하라"(골 2:7).

주님은 감사를 사용하는 모습을 보여 주시면서 죽은 나사로를 살리셨다. "아버지여 내 말을 들으신 것을 감사하나이다 항상 내 말을 들으시는 줄을 내가 알았나이다"(요 11:41-42). 예수님은 아직 기도가 응답되기도 전에 미리 감사 기도를 하셨다는 점에 주목해야 한다. 감사 기도는 응답받는 기도의 중요한 비결 중 하나다.

◈ 감사의 놀라운 능력을 배운 날 ◈

어느 날 전혀 힘든 일을 한 것도 아니고, 무거운 물건을 들은 것도 아니고, 아주 가벼운 상자를 들다가 갑자기 방바닥에 주저앉아 버렸다. 그러고는 도저히 혼자서 일어설 수도, 자리를 옮길 수도 없이 심한 허리 디스크에 걸렸다. 학교에 간 자녀들과 직장에 간 남편이 돌아오는 저녁까지 그 상태로 있었다. 이후 남편의 도움 없이는 혼자 누울 수도 없고 일어날 수도 없을 정도로 심하게 아팠다.

당시 홍콩에 살고 있었는데, 남편이 병원에 예약을 하고 가기를 원했는데 거부했다. 믿음이 좋아서도 아니었고, 하나님이 고쳐 주실 것이라는 신앙이 있어서도 아니었다. 40대 초반에 그런 심각한 병에 걸려서 "이제 나는 가족들에게 전혀 도움이 못 되는 인생으로 살게 되나? 나는 '내 사랑 휠체어에 신고' 가야 되는 사람인가?" 하는 절망 때문이었다.

그때는 차를 타려면 허리 고통이 너무나 심해 15분 정도 걸려야 겨우 탈 수 있었고, 집안일은 못할 뿐 아니라 눕고 일어날 수도 없었다. 그런 나는 내 육체를 슬퍼하며 몇 주 동안 집 안에서 한숨만 쉬며 병원에도 가지 않은 채 지냈다.

하지만 그렇게 아파도 가족들이 걱정할까 봐 그 아픈 몸을 이끌고 아들의 중학교 졸업식에 참석했다. 주로 미국인이 다수인 홍콩 국제학교는 학생들을 단체로 불러서 졸업장을 주는 형식이 아니라 졸업생들을 한 명씩 강단으로 불러 졸업장을 직접 수여했다.

이내 아들의 이름이 불렸고, 아들이 강단에 올라간 순간이었다. 갑자기 영혼 깊은 곳에서 감사가 올라오는데, 눈물이 주체할 수 없을 만큼 쏟아지기 시작했다. 그냥 눈물이 아니고 흐느

끼는 눈물이었다. 우리 부부가 앉은 자리 주위에 대부분 백인 부모들이 앉아 있었는데, 그들이 이상한 눈으로 쳐다보았지만 내 힘으로는 눈물을 도저히 멈출 수가 없었다.

그 감사의 눈물에는 사연이 있었다. 그해는 1991년으로, 한국의 외국 은행 전체가 대대적인 구조조정을 감행하면서 명예퇴직이 강요되었다. 400명 정도가 구조조정으로 퇴사했는데 그 발단은 이러했다.

당시는 데모가 성행하던 시절이었다. 한 외국 은행 노조원들이 본점까지 가서 데모를 한 사실에 외국인들이 놀랐다. 그들은 한국에서 영업을 계속했다가는 감당이 안 되겠다고 생각해 그런 결단을 내렸고, 다른 외국 은행도 같은 결정을 내렸던 것이다. 그 일로 외국 은행을 다니던 사람들의 일자리가 갑자기 사라졌다.

남편과 한 직장에서 신앙생활을 하던 친밀한 동료들은 모두 "하나님이 어찌 이러실 수가 있나!" 하면서 불평했다. 그 소리를 옆에서 들으면서 나는 "하나님이 지금까지 좋은 직장을 주신 것이 감사하지, 어떻게 하나님께 원망을 돌리세요?"라고 말했다. 그 감사는 순간적으로 나온 감사가 아니고 "범사에 감사하라"라는 하나님의 말씀에 순종하는 오랜 훈련을 통해 표현된 감사였다.

그런데 하나님이 그 감사를 기뻐하셨던지, 400명 중에 1명인 남편만은 홍콩에서 현지 채용하는 형식으로 직업을 주셨다. 그 와중에 아들이 중학교 졸업식을 하게 되었으니! 그 감사는 보통 입으로 하는 얄팍한 감사와는 차원이 다른 감사였다.

아들이 졸업장을 받기 위해 강단에 올라간 순간, 그 감사가 다시 느껴졌다. 그전에 국제학교를 다닐 때는 은행이 주재원에게 주는 당연한 혜택이라고 생각했을 수 있겠지만, 이제 하나님이 직업을 새로 주셨다는 특별한 은혜를 생각하니 쉬지 않고 눈물이 흘렀다. 다음 날 아침에도 여전히 눈을 뜨자마자 감사로 눈물이 났다.

그런데 감사함으로 그다음에 받은 선물이 또 하나 있다! 그렇게 오랫동안 구부리지도 못하고 마치 엔진이 고장 난 자동차 같던 허리 디스크가 사라지고 몸이 날아갈 것처럼 나은 것이다. 너무나 깜짝 놀랐다. 이때 나는 감사가 특효약이라는 사실을 배웠다. 입으로 건성으로 하는 감사가 아닌, 영혼 깊은 곳에서 우러나오는 감사가 하나님을 얼마나 기쁘시게 하는지를 배웠다. 이후 다른 환자들에게도 이 비밀을 열심히 가르쳐 주고 있다.

질병으로 고통당하는 많은 분께 권면한다. 감사 기도로 하나님께 나아가라. 황소를 드림보다 하나님을 기쁘시게 하는 것이, 현대어로 표현한다면 어떤 거액의 헌금보다 진심으로 드리는 감사가 하나님을 기쁘시게 한다. 감사하는 자가 되자!

◈ 내면에서 우러나오는 감사 ◈

감사란 입술로 하는 것이 아님을 깨닫고, 내면 깊은 곳에서 감사할 때 끔찍한 허리 디스크가 나은 체험은 감사의 능력을 배운 축복의 시간이었다. 그렇기에 더욱 깊이 감사하면서, 설사 놀라서 기절할 것 같은 순간에도 침착하게 감사할 수 있는 내 삶의 좌우명이 되었다.

그간 암 수술도 해 보았고, 폐렴도 앓아 보았다. 그런데 많은 질병 중에 가장 놀랐고 끔찍했던 순간은 밤에 자고 아침에 일어나 거울을 봤을 때 뇌경색으로 안면 마비가 와 갑자기 괴물이 된 듯한 내 얼굴을 보았을 때였다. 얼굴 반쪽이 정상이 아니었다. 한쪽 눈썹이 2cm 내려왔고 눈이 같이 내려와서 눈을 깜빡거리지 못하니까 눈물이 줄줄 흘러내렸다. 게다가 입술이 비뚤어져서 밥을 먹으면 넘어가지 않아 손가락으로 넘겨 주어야만

했다.

그날은 토요일이었는데, 매주 토요일 새벽에 성경공부 기도 모임이 있었다. 그날 새벽 6시, 기가 막힌 모습으로 나와 앞에서 인도를 하는 내 모습에 다들 놀라서 입을 다물지 못했다.

그 얼굴을 보면서 누구보다 가장 놀란 사람은 남편이었다. 제약회사 회장인 남편 친구는 "서울대병원 신경외과의를 소개해 줄까요, 아니면 집에서 가까운 일산병원 의사를 소개해 줄까요?" 하면서 빨리 병원에 가기를 재촉했다.

그런데 안면 마비가 온 그때 이미 나는 많은 질병을 통해서 배운 바가 있었기에 침착하게 현실을 대면할 수 있었다. 믿음이 약할 때는 허리 디스크만 걸렸어도 많이 낙심했는데 이제 달라졌다. 이미 많은 세월 동안, 나를 만드신 하나님보다 나 자신을 더 잘 아는 사람이 없고, 우리 예수님은 이미 나의 연약함을 십자가에서 가져가셨음을 믿기에 마음이 많이 놀라거나 요동하지 않았다. 그리고 감사의 능력이 얼마나 큰지, 그 비결을 많은 환자에게 가르쳐 주면서 그 효과를 톡톡히 보았기에, 그 상황에서도 침착하게 감사를 고백할 수 있었다.

"얼굴 반쪽에 안면 마비가 왔지만 손과 발과 다른 기관은 정상인 것에 감사합니다. 안면 마비가 오기 전에는 당연하다고 누렸습니다. 그러나 이 일로 결코 당연한 것이 아니고 하나님의 선물임을 배웠기에 감사합니다. 그리고 얼굴이 정상적일 때 감사하지 못한 것을 회개합니다."

이처럼 전심으로 감사 기도를 드리자, 너무나 놀랍게도 닷새 후 80%가 나았고, 일주일 만에 100% 회복되었다. 그래서 다음번 토요 성경공부 기도 모임에는 평범한 모습으로 갈 수 있었다. 함께한 모든 분이 놀라워했다.

남편 친구는 그 이야기를 듣고는 젊은 사람의 경우 간혹 그처럼 빨리 회복될 수 있지만, 나이가 든 사람에게는 있을 수 없는 일이라며 믿을 수가 없다고 했다. 그분은 남편과 함께 집 안으로 들어와 내 얼굴을 확인하고는 놀라워서 입을 다물지 못했다. 그 장면이 이 글을 쓰고 있는 지금도 눈에 선하다.

내면 깊이에서 우러나오는 감사는 입술로 하는 감사와는 달라서 훈련과 습관이 되지 않으면 어려운 상황에서 잘 나오지 않는다. 그리고 입술로만 하는 감사는 감사의 능력을 볼 수가 없다. 나는 감사를 강권적인 성령의 능력으로 배웠다. 또한 감사를 통해 사람이 치유되는 경험을 많이 했다. 따라서 어떤 상황에서도 하나님께 감사를 드릴 수 있게 되었다.

◈ 감사 기도의 능력으로 ◈

여러 가지 질병 중에 가장 끔찍한 모습에 놀랐던 것은 안면 마비였고, 죽음을 연습해 본 시간은 암 수술을 했을 때였다. 그리고 가장 아파서 고통을 받았던 것은 폐렴에 걸렸을 때였다.

안면 마비는 일주일 만에 고침을 받았고, 손가락 4개가 절단될 뻔했을 때는 그날 바로 치료를 받아 괜찮았다. 그런데 폐렴은 장장 5개월이나 고통 중에서 앓았다. 한번 기침을 하면 3시간씩 이어졌는데, 기침이 아주 심해서 그 순간에는 누가 옆구리를 아주 세게 계속해서 가격하는 듯 아팠다.

전에도 기침을 한번 시작하면 어떤 약도 듣지 않아 오랫동안 기침을 해 극심한 고통을 당하곤 했다. 당시 많은 외국인 노동자 환자를 일산복음병원에 입원시키고 치료를 받게 했는데, 담당 의사 선생님이 내 폐를 촬영하고는 폐가 허옇게 된 사진을 보여 주면서 입원을 권하셨다. "외국인들만 입원시켜 치료해 주지 말고 자신의 병도 고쳐야지요." 그런데 하나님이 치료해 주셔서 입원하지 않아도 병이 나았다.

그런데 이번엔 5개월이나 아프니까 힘이 계속 빠져나가서 조금이라도 먼 거리는 차를 타고도 갈 힘이 없을 정도였다. 그해

5월, 딸아이 졸업식이 있어서 남편과 함께 미국을 가야 했다. 비행기를 타고 뉴욕까지 갈 에너지가 없는데도 사랑하는 딸을 보기 위해 아픈 몸을 이끌고 갔다.

그곳 5월의 날씨는 한국과 비슷한데, 예상치 않게 천둥번개가 치고 한겨울같이 추워져 미국인들이 두꺼운 코트를 입고 다녔다. 가뜩이나 기침을 연속으로 하는 데다 얇은 옷을 입고 갔으니! 그래도 감사했다.

하나님은 그냥 감사하라고 하지 않으시고 "범사에 감사하라"고 하셨다. 이 말씀은 우리가 흘려보내기 쉽다. 모든 것이 주어져도 제대로 감사하지 못하는데 자기가 좋아하지 않는 두려운 상황에서도 "범사에 감사하라"라는 말씀을 적용할 수 있는 사람이 얼마나 될까? 범사에 감사하는 사람은 다니엘처럼 사자 굴에 던져져도 살아날 수 있을 텐데, 우리는 얼마나 감사하지 못하는지! 늘 부족한 우리의 모습을 본다.

놀랍게도, 그날 하나님이 감사 기도를 들으시고 바로 다음 날 정상적인 5월의 날씨로 만들어 주셨다. 더 이상 얇은 옷을 입고 벌벌 떨며 기침이 더 심해지지 않도록 지켜 주셨다.

졸업식을 잘 마치고 다시 뉴욕 공항에 와서 성경을 읽는데 다음 말씀이 강하게 다가왔다. "야베스가 이스라엘 하나님께 아뢰어 이르되 주께서 내게 복을 주시려거든 나의 지역을 넓히시고 주의 손으로 나를 도우사 나로 환난을 벗어나 내게 근심이 없게 하옵소서 하였더니 하나님이 그가 구하는 것을 허락하셨더라"(대상 4:10). 이 말씀을 붙잡고 기도했다.

그날 밤 비행기를 타고 한국에 도착하면 주일 새벽이었다. 미국으로 떠날 때 모두 내가 무사히 다녀올 수 있을지 걱정했는데, 갈 때 모습과는 전혀 달리 완전히 치유되었을 뿐 아니라 연약함이 온데간데없이 사라지고 씩씩한 모습으로 예배에 참석했다. 그 모습을 본 모든 사람이 놀라워했다. 나를 쳐다보는 눈빛이 '이럴 수가!' 하는 믿기 어려운 듯한 느낌이었다. 범사에 감사하고 약속의 말씀을 그대로 믿고 기도할 때 우리는 이처럼 놀라운 역사를 체험했다.

◈ 감사는 승리의 비결 ◈

2008년 6월 15일은 날짜도 잊을 수 없을 만큼 내 기억 속에 특별한 날로 남아 있다. 당시 월요일마다 두 번은 송학식품 파주 본사에, 한 번은 충청도 청원에 있는 송학식품 지사에, 그리고 또 한 번은 강원도에 있는 다른 회사에 말씀을 전하러 다녔다.

청원에 갈 때는 새벽 6시에 출발했는데, 그날 아침 일이 났다. 승합차 차체가 높아서 열려 있는 앞뒤 차 문의 중간 부분을 손으로 붙잡고 올라타려 했다. 그런데 앞에 타신 분이 그것을 모르고 앞문을 쾅 닫았다. 사고는 아주 짧은 시간에 일어났는데, 네 손가락뼈가 부러진 듯한 상황이었다.

보통 그런 경우 청원에 있는 예배 담당자에게 전화를 걸어 가지 못하게 되었다고 양해를 구하고 급히 응급실로 달려가기 마련이다. 하지만 비록 손가락 4개가 부러진 것같이 고통이 극심했지만, 이미 수없이 많이 경험해 온 대로 병원에 가지 않고 예배 시간에 맞추어서 청원으로 가자고 말했다.

성경에 "범사에 감사하라"라는 말씀에 순종해 우리에게 놀라운 기도의 롤 모델이 되어 준 인물이 있는데, 바로 다니엘이다. 다니엘은 정말 억울한 상황, 사자 굴에서 죽을 처지에 놓였지만 하루 세 번 하나님께 살려 달라는 기도가 아니라 감사 기도를 드렸다.

보통 사람 같으면 그런 상황에서 "하나님, 제가 하나님의 뜻대로 살려고 하는데 왜 이런 억울한 일이 생겼습니까? 살려 주시옵소서"라며, "주시옵소서"를 연발했을 것이다. 그러나 다니엘은 감사 기도를 드렸다. "다니엘이 이 조서에 왕의 도장이 찍힌 것을 알고도 자기 집에 돌아가서는 윗방에 올라가 예루살렘으로 향한 창문을 열고 전에 하던 대로 하루 세 번씩 무릎을 꿇고 기도하며 그의 하나님께 감사하였더라"(단 6:10). 그 감사 기도는 사자의 입을 막아 주었고, 다니엘은 전혀 다치지 않았다.

정말 범사에 감사하며 기도하면서 청원에 있는 공장으로 향했다. 놀랍게도, 사고가 난 지 1시간이 지났을 때 부러진 것처럼 아프던 손가락 통증이 사라졌고, 2시간이 지나자 손가락에 시퍼런 피멍이 없어졌다. 그날 아무 일 없이 예배를 드리고 돌아오면서 엄청난 축복을 받았다. 손가락 4개를 다시 얻은 축복이었다! 이후 그날은 잊을 수 없는 날이 되었다.

만약 그날 내가 병원 응급실로 갔다면 온갖 검사를 다 하고 수술을 권유받았거나 손가락을 못 쓰게 되었을 것이다. 역시 우리를 만드신 하나님이 우리를 가장 잘 아신다. 우리는 범사에 감사하는 훈련을 통해 어떤 상황에서도 이길 수 있다.

◈ 내 힘이 아닌 하나님의 힘으로 ◈

"그런즉 누구든지 그리스도 안에 있으면 새로운 피조물이라 이
전 것은 지나갔으니 보라 새것이 되었도다"(고후 5:17).

2018년 3월 25일 육교에서 한 청년이 떨어졌다. 사는 것이 너
무 힘들어 자신의 몸을 육교 아래로 던지고 말았다. 결국 성진
이(가명)는 식물인간 판정을 받았다. 그러나 놀랍게도 하나님의
치유하심으로 살아났고, 육체뿐 아니라 영혼까지 새 사람이 되
었다. 그는 자신을 살려 주신 하나님을 증거하는 주의 종이 되
고 싶다며 신학교에 편입, 재학 중이다. 성진이를 옆에서 보고
있노라면 겉사람의 치유뿐 아니라 속사람의 변화에 더욱 놀라
고 감동을 받는다. 다음은 성진이의 간증이다.

우리나라는 OECD 국가 중 자살률 1위입니다. 이 이야기가 남녀
노소, 즉 성별과 나이를 불문하고 우울증을 앓으며 살아가는 분
들에게 도움이 되기를 하나님께 기도하며 이야기를 시작하겠습
니다. 육교에서 떨어져 식물인간 판정을 받은 청년이 있었습니
다. 사는 것이 너무 힘들었기에, 그는 자신의 몸을 육교 아래로
던졌다고 합니다. 그는 바로 저입니다.

어린 시절 제게 사랑을 나눠 주어야 하는 부모님은 안 계시고, 폭력과 상처를 나눠 주는 부모님만 존재했습니다. 어린 시절 저를 때리시는 엄마에게 물어봤습니다. "엄마, 나를 왜 때려? 내가 뭘 잘못했어?"라고 물어보면 엄마는 "내가 하라는 대로 안 하니 화가 나서 때리는데 잘못됐니?"라고 하며 저를 가차 없이 때리셨습니다. 아버지 역시 납득되지 않는 이유로 저를 때리시거나, 강제로 집 밖으로 내쫓으셨습니다.

납득되지 않는 이유로 부모님께 맞았기에 너무 서럽고 아팠습니다. 어렸을 때 부모님의 그러한 행동이 이해되지 않았지만 일단 쫓겨나지 않기 위해, 맞지 않기 위해 울면서 죄송하다고 빌었던 나날이 머릿속에 남아 있습니다.

더불어 초등학생 때 집 밖을 나가면 친구들에게 놀림을 받기 일쑤였습니다. 하루는 커다란 패딩으로 저를 덮고는 웃으면서 때리는 아이의 웃음소리가, 또 하루는 머리에 비듬이 왜 이리 많냐며 머리통과 머리카락을 치며 놀리는 웃음소리, 원치 않는 별명을 부르며 놀리고 수치스럽게 한 일들이 아직도 생생하게 기억납니다. 그 아이들에게는 일종의 장난이었을지 모르겠지만, 집에서도 밖에서도 저를 따뜻하게 대해 주는 사람이 없었기에 그러한 언행은 저에게는 큰 상처가 되었습니다.

이렇게 저의 심정을 받아 줄 사람이 없었기에 종이에 글씨로 슬픔을 호소했습니다. 이런 호소였습니다. "몇 년 몇 월 며칠, 나는 자살할 거다. 내가 죽고 나면 아빠가 울겠지? 통쾌할 거야. 행복할 거야"라고 말입니다.

사랑과 배려가 없는 환경에서 자랐기에 저의 내면은 부정적으로 어두워져 갔습니다. 어렸을 때 간혹 부모님께 저의 속마음을 말해도 돌아오는 것은 따뜻한 공감과 응원의 메시지가 아닌, 상처가 되는 무뚝뚝한 말, 혹은 위로의 말은커녕 빠르게 화제를 전환해 무언가를 요구하는, 시키는 말들이었습니다. 또한 부모님께 이야기한 제 이야기들이 주변 사람들에게로 전달되는 수치스러운 일도 생겼습니다.

그런 일들로 인해 누군가에게 제 이야기를 하는 것이 불안하고 무서웠습니다. 혹은 제 이야기들이 부끄러운 이야기가 되지 않게 하기 위해 누구에게든 괜찮은 말로 나의 고민들을, 진실들을 예쁘게 포장하기 시작했습니다. 청소년 때 나름 괜찮게 생각하고 사귄 친구들에게도 저의 고민을 말하기보다는 힘들어도 그저 웃기만 했습니다.

어느 날 한 친구가 "성진아, 네가 부럽다. 항상 웃기만 해서"라고 말했습니다. 저는 그때 속으로 생각했습니다. '웃지 않으면 내가 살 수 없어'라고요. 어떤 일이든 웃으며 괜찮은 척 노력하는 삶, 혼자 아파하고 힘내 보려는 삶이었습니다. 더불어 옛날에 발병한 정신병이 약을 먹어도, 상담 치료를 받아도, 정신병동에 입원해 살아 보아도 감당할 수가 없었기에 너무 힘들어서 자살하지 않으면 길이 없다고 확신하게 되었습니다.

그래서 두 번째 자살 시도로 몸을 육교 밑으로 던졌습니다. 지나가는 버스에 부딪혀서 살았다고 합니다. 응급실에 실려 가니 의사가 이렇게 말했다고 합니다. "수술을 해도 장애인이 됩니다. 식물인간으로 살다가 죽을 것입니다." 식물인간으로 인공호흡기에만 의지하던 저는 3주 후에 깨어났습니다. 그러자 의사가 다시 말했습니다. "머리는 7살 지능에, 신체의 왼쪽 부분은 마비된 채로 살아야 합니다."

식물인간 상태에서 깨어난 저는 말도 어눌했고, 왼쪽 팔과 다리는 사용할 수 없었기에 누군가 저를 들어 휠체어에 태우고 다니기 시작할 즈음 조금씩 단계별로 재활을 받기 시작했습니다. 그때 재활 치료를 해 주시는 치료사분들이 말했습니다. "재활을 얼마를 받아야 하는지 모르겠습니다. 긴 시간 재활을 받더라도 정상적인 삶을 살 수 있을지 모르겠습니다."

그런 이야기들을 들으며 재활을 받았지만, 1년 정도 지나자 빠르게 걸을 뿐만 아니라 뛸 정도까지 되었으며, 일상생활을 하는 데 있어서 문제가 조금 있어도 큰 문제는 되지 않았습니다. 결국 치료가 하나님의 은혜 가운데 이루어져 의사의 말과는 다르게 살게 되었습니다.

하지만 의사의 말은 100% 거짓말은 아니었습니다. 7살 어린아이라는 표현 말입니다. 7살 어린아이와 같이 순수하게, 작은 일에도 하나님께 진심으로 감사하는 제가 되었기 때문입니다. 전문가들은 희망이 없다고 했지만 저는 살아났습니다. 하나님의 은혜로 말입니다.

은혜란 자격 없는 자에게 하나님이 베푸시는 것이라고 합니다. 과거 저는 술을 과하게 자주 마셨습니다. 더불어 나이트클럽도 자주 다녔습니다. 제가 클럽에 자주 가고 술을 많이 마셨던 이유는 그때만큼은 행복한 것 같았고, 그것들이 저를 위로해 주는 것 같았기 때문입니다. 그래서 누구보다 많이 술을 마셨고 누구보다 자주 클럽에 갔습니다.

그런데 하나님의 은혜 가운데 정신을 차리니 이런 생각이 들었습니다. '성진아, 술과 클럽은 그 순간만 행복한 척, 위로받은 척해 줘. 너는 그 순간만 아픔을 잊고 그 순간만 행복할래? 사실 그 짧은 순간 이후 더 불행해지고 더 힘들었잖아. 다음 날 아침부터 제대로 된 일상생활을 못하게 되어 삶의 패턴이 망가지고, 알고 보니 돈도 흥청망청 썼고 말이야. 심지어 건강에도 안 좋아. 지금은 젊어서 모를 수 있겠지. 그래도 머리로는 알고 있잖아. 그러한 것들이 너의 건강과 삶에 좋지 않다는 진실을…. 그럼 적당히 술 먹고 적당히 클럽 가면 되잖아.

성진아, 너는 사실 알고 있어. 너에게 조절할 능력이 없다는 것을. 담배 중독자들, 술 중독자들, 도박 중독자들이 그러한 것들을 처음 시작할 때 나, 이거 하면서 중독자가 될 거야라고 다짐하고 시작하니? 한 번, 두 번 해 보니 어느새 조절하지 못해 중독자가 되어 있는 거지. 더불어 그런 것들이 있을 때만 조건적으로 행복한 척, 위로받은 척 살게 되니 술이 없을 때 의지할 곳이 없다고, 더욱 혼자라고 느끼고 힘들어했잖아. 그래서 더 자주 찾았잖아.

그러한 것들이 너를 조건적으로, 그 무언가가 있을 때 행복할 수 있는 사람으로 이끌었다는 거야. 성진아, 너는 알고 있었어. 술이 항상 너를 위로해 줄 수 없고, 사실 술은 너를 위로해 준다고 착각하게 만들어 주는 것일 뿐 사실상 위로가 안 되는, 오히려 공허함만 더 커지게 하고 진실을 외면하는 벽만 더 높아지게 한다는 사실을 말이야.'

저는 과거에 조건적으로 정신과 약을 먹었을 때, 혹은 세상적인 것들을 의지할 때 평안과 행복을 느꼈습니다. 그런데 지금은 그 자체만으로 행복해질 수 있는 법, 평안할 수 있는 법을 세상의 '약'이 아닌 '구약'과 '신약'인 성경과 기도를 통해, 그리고 하나님과 동행함으로 배워 가고 있습니다.

진실로 하나님과 동행하기 위해서는 인생길을 걸어갈 때 거룩한 길로 걸어야 했고, 그 길을 걷기 위해서는 내 뜻이 아닌 주님의 뜻대로 살아야 했습니다. 물론, 하나님의 뜻대로 살기 위해서는 성경과 기도를 통해 그분의 뜻을, 그분의 길을 알아야 했습니다.

혹시 "주일에만 예배드리지 말고 삶의 전부로 하나님께 예배드리세요."라는 말을 들어 본 적이 있지 않나요? 저 역시 주일예배만 드리는 것이 아니라 삶의 전부를 통해 하나님께 영과 진리로 예배드려야 한다고 생각합니다. 과거에는 예배의 의미를 잘 몰랐기에, 단순하게 '평소에도 찬양하고 말씀 읽고 기도하라는 뜻인가?'라고 생각했습니다. 그런데 50% 부족한 생각이었습니다. 더 자세히 알아보니 하나님께 예배드린다는 것은 하나님의 뜻에 우리 자신을 맞추는 것임을 깨달았습니다. 그러므로 주일에만 하나님의 뜻대로 사는 것이 아니라 삶의 전부를 통해 영과 진리로 하나님의 뜻에 나를 맞춰 살아가야 한다고 생각하게 되었습니다.

과거에는 내 뜻에 하나님을 끼워 맞추며 살았는데, 이제는 하나님의 뜻에 나를 끼워 맞추려고 하니 힘겨웠습니다. 진실된 예배를 드린다는 것은 진실로 어려운 일이었습니다. 구체적으로 인생길을 하나님과 동행하며 하나님의 뜻대로 살아가기 위해 거룩하지 못했던 내 뜻을 하나하나 그 자리에 두고 걸어가야 했기 때문입니다.

하지만 제 힘으로는 안 되었습니다. 하나님의 도우심으로만 변할 수 있었습니다. 내 힘으로 하는 것이 아니더라도 힘들었습니다. 순간순간 힘들었기에 고난이었습니다. 행복을 잃는 것 같았습니다. 하지만 결과적으로는 유익을 가져다주었습니다. 설령, 하나님과의 동행길 가운데 실패를 경험하고 내가 원하는 대로 되지 않더라도 그 실패가, 혹은 내가 원하던 대로 되지 않았던 일들이 오히려 제게 최고의 깨달음을 주고 유익이 되었습니다.

영과 진리로 하나님께 예배드릴 때, 즉 언제 어디서나 마음을 다하여 하나님의 뜻대로 살아갈 때 하나님은 항상 최고의 것을 주셨습니다. 뿐만 아니라 삶의 우선순위를 하나님께 두고 살아가면 하나님이 모든 것을 더해 주셨습니다.

하나님의 은혜 가운데 하나님의 뜻대로 살아갈 때 얻는 유익들이 행복의 지름길이라는 사실을 알게 되었고, '거룩'과 '행복'이라는 두 마리의 토끼를 잡을 때가 많았습니다. 이렇게 삶 가운데 크고 작은 기적들을 맛보는 나날들이 늘어가니, 말씀을 읽고 기도해 하나님의 뜻을, 하나님의 말씀을 찾아 행하고자 원하게 되었습니다. 제 뜻보다 하나님의 뜻이 유익하고 가치 있다는 깨달음을 얻게 되었습니다.

하나님의 은혜는 변치 않지만 이따금씩 제 믿음이 작고 연약해 옛 모습으로 다시 돌아가려 했습니다. 그 과정을 지켜보며 가슴 아파하시고 응원해 주시는 하나님께 감사합니다. 하나님의 은혜 가운데 매일 다시 일어나 날마다 새롭게 살아가고 있습니다. 빛이 없는 제 삶에 찾아와 주신 하나님께 너무 감사드립니다.

이해할 수 없는 어떠한 고난 속에서도 하나님께 믿음을 구하며 살아가는, 이 땅에 소망을 두지 않고 영원한 천국을 바라보며 살아가는 그리스도인들이 되기를 소원합니다. 내일, 내년, 언젠가가 아닌 지금, 오늘, 이 순간 한 걸음씩, 한 단계씩 하나님과 동행하여 하나님이 원하시는 뜻대로 사는 우리가 되기를 소망합니다. 수천 번 후회하고 있는, 늦었다고 생각하는 그때가 바로 하나님이 기다리셨던 때일지도 모릅니다. 같이 거룩한 길을 걸어갑시다. 내 힘으로는 못해도 하나님이 도와주시면 할 수 있습니다.

더 감사한 것은, 우리 가정이 부모님과 함께 가정예배를 드리는 가정이 되도록 하나님이 새롭게 해 주신 것입니다. 얼마나 감사한지요! 모든 영광을 하나님께 올려 드립니다. 아멘.

◈ 손이라도 쓸 수 있다면 얼마나 좋을까? ◈

은주는 쌍둥이 자매로 비장애인으로 태어났는데, 할머니가 다락에서 무쇠 솥을 꺼내다가 떨어뜨리시는 바람에 방바닥에 누워서 자고 있다가 머리가 부딪쳐 중증 장애인이 되었다. 뇌가 손상되어 언어 장애가 심해 처음 만났을 때 정확한 단어는 거의 발음하지 못하고 "아~", "어~" 하면서 소리만 내는 수준이었다. 손과 발을 전혀 사용하지 못하고 둘 중에 발가락 하나만 쓸 수 있었다.

차라리 인지 능력까지 떨어지면 자신이 장애인이라는 것을 모르는 상태로 살게 되어 마음이 편할 텐데, 인지 능력은 정상이었다. 이후 평범하던 집안은 쑥대밭이 되었다. 아버지는 늘

술을 마시고 폭행을 일삼으셨으며, 엄마는 어디론가 떠나 버리셨다. 은주는 오빠와 쌍둥이 여동생과 살았는데, 오빠마저 서울로 돈 벌러 간다고 떠나 버렸다. 쌍둥이 동생과 둘이 살다가 동생이 제때 들어오지 않으면 배고픔을 혼자 해결할 수 없기에 몸을 굴려서 마당으로 내려가 수돗물을 마셔 허기진 배를 채우곤 했다.

하루는 서울 간 오빠가 시골로 내려와서는 엄마를 찾았다면서 은주를 엄마에게 데려갔다. 은주는 이제 엄마하고 살면 될 것이라고 생각해 너무 기뻤는데, 엄마는 식당에서 일을 하면서 식당에 딸린 방 한 칸에 사셨다. 엄마는 은주를 그 방에서 하룻밤 재운 후 장애인 센터로 보내셨다. 은주는 굶어도 좋으니 제발 엄마하고 살게 해 달라고 애원했지만 엄마는 듣지 않고 장애인 센터로 보내셨다.

처음 은주를 만난 곳은 장애인 집회를 하는 장소였다. 그곳에는 셀 수 없이 많은 장애인들이 있었는데, 하나님은 내가 은주 옆에 서 있게 하셨고 은주가 김포에 있는 장애인의 집에서 산다는 사실을 알게 하셨다. 우리는 다음에 외국인들과 그곳을 방문했는데, 이후 거의 20년이라는 세월을 같이 보냈다.

은주를 위한 기도에서, 하나님은 우선 마음에 심한 상처를 치유해 주셨다. 그날 은주는 내적 치유를 받았고, 얼마 후에 언어 장애를 고쳤다. 원래 나이 30세가 넘으면 언어 장애를 교정받아도 고치기가 힘들다는데, 은주는 전화로 들으면 장애인이라는 것을 거의 알 수 없을 정도로 하나님이 고쳐 주셨다.

게다가 하나님의 치유는 은주의 내적 치유와 언어 치유에서 끝나지 않았다. 인생이 절망적이고 아무 소망이 없어 보이다가 예수님을 인격적으로 만나 그 깊은 상처가 치유되고 언어 장애까지 고침을 받게 되자 다른 장애인들에게 자신이 소망을 주고 싶다는 뜨거운 마음이 생겼다. 그러면서 자신은 헬렌 켈러(Helen Keller)처럼 다른 장애인들의 고통을 위로하고 싶다고 했다.

은주의 소원을 SNS에 올렸더니 비장애인인 한 남자가 그 글을 읽고는 장애인이 다른 장애인을 돕고 싶다는 것이 너무나 특별한 소원이라, 과연 어떤 사람인지 보고자 김포까지 찾아왔다. 이후 그는 은주를 사랑하게 되었고 가정을 이루었다. 이 부부는 다른 장애인들을 섬기면서 행복하고 아름다운 결혼생활을 하고 있다. 참으로 하나님의 능력을 보여 주는 살아 있는 참 증인들이다.

다음은 은주의 고백이다.

손이라도 쓸 수 있다면 얼마나 좋을까?

만약 하나님이 내게 7일간 손을 쓸 수 있는 기회를 허락하신다면….

1일엔 매번 아침에 남편에게 식사를 직접 차려 주지 못하여 마음이 짠해서 내내 걸렸는데 이 손으로 아침 밥상을 정성껏 차려 주고 싶다.

2일엔 늘 발가락에 수저를 끼워 밥을 먹곤 했는데 이 손으로 하루만이라도 좋으니 밥을 떠서 먹고 싶다.

3일엔 이 손으로 성경책을 한 장, 한 장 넘기며 하늘 아버지께 두 손을 모아 묵상하고 싶다.

4일엔 주일날 교회에 나가기 전 사랑하는 남편에게 직접 옷을 골라 주며 손으로 넥타이를 매어 주고 싶다.

5일엔 세숫대야에 물을 받아 남편이 저녁에 퇴근하고 집에 들어오면 이 손으로 남편의 발을 시원하게 씻어 주며 종일 수고했다며 위로의 말을 건네고 싶다.

6일엔 주부로서 주방에서 깔끔하게 설거지를 하며 이 손으로 그릇을 하나하나 정리를 하며 예쁘게 가꾸고 싶다.

마지막 7일엔 두 손 모아 하나님이 내게 허락하신 7일간을 감사하며 하나님께 영광을 돌려 드리고 싶다.

하나님이 장애로 인해 내게 희망의 영광을 나타내시기 위함임을 잘 알기에, 이 같은 희망을 품으며 후회 없이 최선을 다해 오직 나의 주인이신 하나님을 섬기며 살아간다.

가끔 아침에 남편이 잠에서 깨어 출근 준비를 하느라 밥도 챙겨 먹지 못할 때, 옆에서 나 혼자 밥을 먹을 때는 참으로 마음이 아프고 너무 미안해진다. 남편도 내가 아침에 잠이 덜 깨어 누워 있을 때, 자기 혼자 밥을 챙겨 먹을 때는 내 마음 같은 마음이 들어서 얼른 일어나서 밥 먹으라고 한다. 부부는 이렇게 일심동체, 통하나 보다. 그러니까 부부로 인연이 되어 사나 보다.

하나님은 우리 부부의 마음을 어루만져 주시며 언제나 힘을 주시고 위로하심을 날마다 체험하게 하셨다. 우리 부부는 믿는다. 하나님이 우리 부부의 삶에 늘 동행하시며 지켜 주실 것을 말이다. 따라서 우리 부부는 아무런 염려가 없으며 그저 감사할 뿐이다.

◈◈ 내 말을 들으시는 것을 감사하나이다 ◈◈

김금옥 집사님은 몇 년 전 자신의 남편이 운전하는 차를 타고

같이 가다가 택배 차량이 집사님이 앉은 쪽을 들이박는 사고를 당하셨다. 그 사고로 갈비뼈 12대가 부러지고 턱뼈가 심하게 다쳤다. 처음 사고가 나서 병원 중환자실에 입원해 있을 때 가족과 함께 의사 소견을 들었는데, 가망이 없다고 했다. 갈비뼈가 조금 부러졌으면 수술을 해 볼 수 있는 상황인데, 너무나 심하게 손상되어 병원 측에서는 손을 댈 수가 없다고 했다.

하지만 예수님이 나사로를 살리실 때 얼마나 놀라운 기도를 드리셨던가! "아버지여 내 말을 들으신 것을 감사하나이다 항상 내 말을 들으시는 줄을 내가 알았나이다"(요 11:41-42). 그 말씀을 붙들고 기도했을 때 집사님은 의술이 아닌 최고 명의사의 처방전과 치료로 갈비뼈와 턱뼈가 모두 붙었다. 이 일로 하나님은 하나님이야말로 그 누구와도 비교할 수 없는 최고의 명의사이신 것을 우리 모두에게 보여 주셨다.

의사는 갈비뼈는 붙었지만 턱뼈는 두 번에 나누어 수술을 해야 한다고 했다. 그때 가족들이 집사님이 입원하신 병원이 지역과 교통이 너무나 열악해 다른 병원으로 옮겼다. 옮겨 간 병원에서 턱뼈 수술을 하기 위해 재검사를 했는데 그 기간 하나님이 턱뼈를 수술하지 않고도 모두 붙게 해 주셨다. 우리 모두는 "할렐루야!" 하며 주님이 하신 일을 찬양했다.

그 후 집사님은 사랑하는 딸이 엄마 없이 결혼식을 할까 봐 걱정이 많으셨는데, 한복을 예쁘게 차려입고 우리를 맞아 주셨다. 그 모습을 보면서 다시 한 번 주님을 진심으로 찬양했다. 하나님의 놀라운 역사하심을 볼 때마다 주님께 감사와 찬양을 돌리게 된다.

◈ 감사 기도로 치유되다 ◈

조영철 집사님은 사랑하는 외아들이 대학생이 될 무렵 만성 신부전증에 걸리셨다. 어릴 때 미끄럼틀에서 넘어져 등이 다쳤는데, 일생을 구부러진 등을 한 채 아들을 너무나 사랑하면서 키우셨다. 그런데 환갑이 지난 나이에 그 병에 걸리신 것이다.

병원을 찾아가 보니 얼굴은 쟁반만큼 부어올랐고 절망적인 얼굴을 하고 계셨다. 아들이 옆에서 의사 소견을 듣고 있는데, 담당 의사는 불치병이라고 했다. 그 말을 들은 아들은 당시 심정을 이렇게 고백했다. "담당 의사는 아버지도 듣고 있는데 너무도 냉정히 말했습니다. '이 병은 나을 수 없습니다. 불치병입니다. 못 낫는 병입니다.' 아버지를 잡고 하염없이 울었습니다.

눈물이 멈추지 않았습니다. 이 모든 것이 저의 잘못이라는 생각조차 하지 못했습니다. 아무 생각도 없이 그저 하염없이 계속 울기만 했습니다. 그런데 아버지는 그 와중에도 저를 위로하셨습니다."

아들을 사랑하는 아버지를 지켜보면서 감사 기도를 권면했다. 인간적으로 생각하면 "왜 나에게 이런 고통을 주십니까!"라는 울부짖음이 나올 만한 상황인데, 오히려 감사 기도를 권했다. 감사가 하늘 궁정 문을 연다는 사실을 알기 때문이었다. "감사함으로 그의 문에 들어가며 찬송함으로 그의 궁정에 들어가서 그에게 감사하며 그의 이름을 송축할지어다"(시 100:4).

이런 경우 감사 기도를 권하면 화를 내는 분도 더러 있다. 따라서 객관적으로 모든 사람이 인정할 수 있고 집사님도 동의하실 수 있는 감사에 대해 말씀드렸다. "집사님, 하나님이 집사님께 너무나 잘생긴 아들을 주셨지요?" 집사님은 아들을 자랑스럽게 생각하고 사랑하기에 수긍하셨다. "그렇게 잘생기고 소중한 아들인데, 방 하나에서 어머니도 모시고 살아야 하는 경제적으로 어려운 상황에서도 대학 학비를 낼 수 있어서 감사하지 않으세요?" 이 내용도 너무나 맞는 하나님의 축복이기에 집사님은 감사하는 일에 동의하셨다.

이런 식으로 우리는 감사로 하늘 궁정 문을 열고 들어갔다. 그리고 놀랍게도 집사님의 만성 신부전증이 치료되었다! 피를 계속 투석할 경우 경제적으로도 감당할 수 없고 체력도 바닥 나 주저앉아 버리실 집사님을 하나님이 치유해 주신 것이다. 퇴원 후 지금까지 12년이 흘렀다. 감사는 참으로 놀라운 능력임을 늘 체험하고 있다.

❖ 감사 기도는 우울증도 낫게 한다 ❖

"너희가 일찍이 일어나고 늦게 누우며 수고의 떡을 먹음이 헛되도다 그러므로 여호와께서 그의 사랑하시는 자에게는 잠을 주시는도다"(시 127:2).

우울증 약을 1년간 복용하고 잠을 못 자 수면제를 먹던 분이 하나님이 주시는 기쁨으로 우울증 약을 끊으셨고, 하나님은 사랑하시는 자에게 잠을 주시는 것이 사실이라고 고백하셨다.

그분 외에도 다른 우울증 환자들이 말씀을 통해 자리를 털고 직업을 갖고 오히려 남을 돕는 사람이 되는 등 말씀의 능력을 늘 보고 있다. "만군의 하나님 여호와시여 나는 주의 이름으로 일컬음을 받는 자라 내가 주의 말씀을 얻어먹었사오니 주의 말씀은 내게 기쁨과 내 마음의 즐거움이오나"(렘 15:16).

주님의 말씀이 마음에 기쁨과 즐거움을 주기 때문에 우울증 약을 끊고 전혀 다른 사람으로 씩씩하게 변화된 것이다. 성경 읽기와 감사 기도, 두 가지를 권면했는데 그대로 따라 하면서 하나님께로부터 치유를 받았다. 그 방법을 조금 더 구체적으로 설명하면 이렇다.

첫째, 매일 성경을 10장 정도 읽으면서 하나님이 주신 말씀 중에 암송해야 할 구절은 적어서 암송했다. "내가 주의 법을 어찌 그리 사랑하는지요 내가 그것을 종일 작은 소리로 읊조리나이다"(시 119:97).

둘째, 매일 감사 기도를 써서 나에게 보내 주었다. 처음에는 감사를 SNS 메시지로 보낼 힘이 없어서 노트에 몇 가지만 적은 후 사진으로 찍어 보냈다. 그간 우울증 약이 사람을 무기력하게 만드는 경우를 여러 사람들에게서 보아 왔다. 그러나 감사 기도를 반복하면서 점점 더 많은 감사를 표현하게 되었고, 힘이 더 생겨 이제는 긴 내용의 감사를 SNS 메시지로 보내 주고 있다. 그 내용을 읽을 때마다 놀라움을 금치 못한다. 다음은 최근에 보내온 감사 기도 내용이다.

하나님 아버지, 오늘도 하나님이 하실 일을 볼 것이 기대가 되게 하시니 감사합니다. 하나님, 낮아지고 겸손한 마음에 익숙해지고 배우고 싶어요. 도우실 하나님의 은혜를 기대하며 감사합니다. 말씀을 분별할 수 있게 하시고 말씀으로 마음을 지키게 하시니 감사합니다. 마음 지키기가 얼마나 힘이 들면 성경에는 이렇게 기록되어 있습니다. "노하기를 더디 하는 자는 용사보다 낫고 자기의 마음을 다스리는 자는 성을 빼앗는 자보다 나으니라"(잠 16:32). 말씀을 사랑하게 해 주시고, 기억나게 하시며, 읊조리게 하시는 하나님의 은혜 또한 감사합니다.

신랑이 제게 화를 내려고 할 때 멈추게 해 주시고 저를 보호해 주신 하나님, 감사해요. 신랑의 마음도 다스려 주시는 하나님, 감사합니다. 하나님의 말씀을 완전히 순종하며 살기를 소원합니다. 그래서 저 한 사람으로 인해 3명의 자녀들도 평안을 누리며 하나님을 알아 가며 하나님 경외함을 배우게 하실 하나님의 은혜를 소원하고 기대하며 감사합니다.

우리 가족이 날마다 말씀을 읽고, 그 말씀을 마음 판에 새기고, 분명하고 인생의 좌표가 되는 중요한 일을 날마다 하게 하소서. 그래서 말씀으로 이기며 마음을 다스리는 것을 알아 가게 하소서. 마음을 지키게 하실 하나님의 은혜를 사모하고 기대하며 감사합니다.

하나님 아버지, 저를 완전히 고치셔서 이전보다 더 강인하게 하실 것이며 의와 평강의 열매를 많이 맺게 하실 하나님을 기대하게 하시니 감사합니다. 말씀을 읽으니까 더 행복해지고, 더 평안해지고, 소망이 생깁니다. 이것을 늘 하도록 권면해 주신 것을 감사드립니다. 저를 만나 주시고, 가족이 화목하게 지내는 법도 배우게 하시고, 병원의 약과 비교할 수 없는 강인함을 주신 하나님께 감사드립니다.

이 고백에 이어 감사 기도를 계속 보낼 수 있었던 계기를 이렇게 설명했다.

권사님, 감사합니다. 정말 권사님이 계속 감사하도록 챙겨 주셔서 감사합니다. 처음 감사 글을 쓰라고 하셨을 때가 생각납니다. 얼마 안 되어 주일에 권사님이 외국인 예배를 드리셔서 제게 신경을 쓰실까 해서 안 보냈는데요, 권사님이 월요일에 "어제 감사 글 안 보내셨네요"라고 글을 보내셨을 때 저는 놀랐어요. 많은 일로 바쁘실 텐데 제가 감사 글을 안 보낸 것을 기억하시다니, 감동도 되고 놀라기도 했어요. 감사드려요.

권사님, 그리고 여기까지 이끄신 하나님이 좋고 감사해요. 제가 이렇게 감사하게 될 줄 몰랐어요. 지난번에 권사님이 "하나님께 친밀히 감사하게 하소서"라고 말씀하셨는데요, 저도 하나님께 더 친밀히 감사하게 되기를 사모해요.

기도 응답의 비결 **4**

◆ 예수님은 아직 기도가 응답되기 전에 미리 감사 기도를 하셨다. 감사 기도
  는 응답받는 기도의 중요한 비결 중 하나다.

◆ 내면 깊이에서 우러나오는 감사는 입술로 하는 감사와는 달라서 훈련과
  습관이 되지 않으면 어려운 상황에서 잘 나오지 않는다. 어떤 상황에서도
  하나님께 감사를 드리는 훈련을 해야 한다.

◆ 상황과 관계없이 감사를 고백하면 상황을 넘어서는 믿음을 얻게 된다.

◆ 환경은 변하지 않았지만 하나님께 감사의 고백을 적어 보자.

_____

_____

_____

_____

_____

_____

주님이 내게 입혀 주신 영광의 옷

(은주가 장애인이라는 자기 신분을 고백한 시다.)

나는 항상 장애인의 옷을 입고 산다

어떨 땐 이 옷이 너무 무겁고

힘에 겨워 울 때도 있었고

때로는 이 옷을 벗고 싶기도 했다

하지만 다시 입고야 만다

이 옷은 절대 세상 때가 묻지 않는다는 점이

참 좋다는 것이다

세탁을 하지 않아도 깨끗해 보이는

나만의 옷

나는 지금 내가 입은 장애인의 옷을

너무 아끼고 좋아한다

주님이 내게 입혀 주신 영광의 옷

항상 감사하며 잘 입고 산다

사람들은 누더기 옷으로 볼지 모르지만

나는 최고의 값진 옷이라고 생각한다
주님이 오시는 날
그날까지 내가 입고 살 영광의 옷
나는 오늘도 내일도 언제나 소망을 안고
영광의 옷을 입는다

이웃을 위해 사랑을 베풀고
나를 위해 마음을 나누며
주님의 영광을 나타내기 위해
힘쓰고 노력하고 있음을 주님은 아신다
감사 감사 할렐루야 할렐루야

"범사에 감사하라
이것이 그리스도 예수 안에서 너희를 향하신
하나님의 뜻이니라"(살전 5:18).

5장

기도의 태도

범사에 감사

◈ 감사 바이러스는 강력하게 퍼진다 ◈

교도소에서 무기수로 있는 요한이는 2015년에 하나님의 주선으로 아들이 되었다. 그리고 1년이 지났을 때 자신도 이제는 사랑을 많이 받았으니 받기만 하는 사람이 되지 말고 무엇인가를 해야 하지 않겠냐면서 1년 동안 모은 헌금이라는 설명과 함께 200만 원을 보내왔다. 디모데는 교도소에서 한 달에 받는 금액이 아주 적은데, 요한이는 공장 일이 매우 많아 한 달에 40만 원 받는 월급을 조용히 최선을 다해 모아서 해마다 보냈다.

요한이의 감사가 너무나 귀해서 해마다 보내온 헌금을 가장 절실하고 필요한 곳에 전액을 보내 그 감사의 마음을 전하고 있다. 지금까지 고아들을 돌보는 곳, 암 치료를 받는 형제, 육교에서 자살을 시도해 죽음 직전까지 간 청년의 재활 치료비, 배고 픈 청년들에게 3,000원에 김치찌개를 제공하는 식당, 인도의 고 아들 등 매년 한 곳씩을 지원했다.

백혈암으로 투병하는 진철 형제는 요한이의 사랑을 받고 감 사 바이러스에 감염되어 자신도 감사 바이러스가 되었다. 매주 감사헌금을 하나님께 드리면서 감사의 손길을 베푸는 일에 최 선을 다하는 모습을 지켜보고 있다. 놀라운 것은, 그 감사로 인 해 몇 년 전 처음 봤을 때 백혈암으로 얼마 살지 못할 것 같았는 데 지금 몇 년째 잘 이기고 있다는 것이다. 진철 형제를 보면서 감사 바이러스가 얼마나 큰 힘을 가졌는지를 배웠다.

세계적인 암 예방과 치료 분야의 권위자로 알려진 김의신 박 사는 미국 텍사스대학교 MD앤더슨암센터의 종신 교수이자 미 국 최고 의사에 여러 차례 선정되기도 했다. 그분이 이해할 수 없는 것이 있는데, 살 가망이 전혀 없던 환자가 기적적으로 소 생하는 경우로서 그런 기적을 경험하는 사람들을 보면 신앙인 이라는 공통점이 있었다고 한다.

사람의 몸에는 바이러스에 감염된 세포나 암세포를 직접 파 괴하는 면역 세포인 '자연살해세포'(natural killer cell)가 있는데, 이 세포가 많으면 암 치료 효과가 뛰어나고 재발률도 낮아진다고 한다. 여러 환자들을 대상으로 조사한 결과, 항상 웃고 감사하며 즐겁게 사는 사람의 몸에서 자연살해세포의 수치가 높게 나타났다고 한다. 항상 웃고 감사하며 즐겁게 사는 사람!

이런 의학적 특혜를 갖기 위해 성경은 다음과 같이 가르쳐 준다. "내 아들아 내 말에 주의하며 내가 말하는 것에 네 귀를 기울이라 그것을 네 눈에서 떠나게 하지 말며 네 마음속에 지키라 그것은 얻는 자에게 생명이 되며 그의 온 육체의 건강이 됨이라 모든 지킬 만한 것 중에 더욱 네 마음을 지키라 생명의 근원이 이에서 남이니라"(잠 4:20-23).

◈ 감사 안경은 현실을 바라보는 눈을 바꾼다 ◈

감사 열풍이 불면서 많은 분이 너도 나도 감사 안경을 쓰게 되었다. 그러자 문제를 바라보는 시각이 달라져 행복동 인구가 증가하는 모습을 보게 되니 감사하고 기쁘다. 한 분은 여행사를 운영하면서 주로 해외여행을 주선하는 일을 하셨는데, 코로나 19로 인해 너무나 많은 어려움을 갑자기 겪게 되셨다. 그러나 감사 안경을 쓰고 바라보자 표현하는 언어가 많이 달라지셔서 깜짝 놀랐다.

> 권사님! 감사합니다. 보내 주시는 말씀이 오늘 아침에 많은 은혜
> 가 되며 저의 상황을 감사함으로 변화하게 합니다. 코로나19로
> 인해 낙담했는데 생각해 보니 저에게 안식년을 허락해 주셨어요.
> 저 스스로는 절대 못하니 주님이 주셨네요. 이 귀한 시간, 주의 말
> 씀을 가까이하며 주님을 알아 가는 시간이 되어야겠습니다. 감사
> 합니다.

또 다른 분은 우리 기도회에 와서 감사 기도를 드리시고 부부
가 천국의 풍경을 만들게 된 이야기를 들려주셨다.

> 권사님, 어제 감사도 훈련되어야 한다는 말씀에 공감했어요. 감
> 사에는 엄청난 능력과 치유가 있다는 비밀도 체험한 적이 있어
> 요. 제가 홀리네이션스 외국인 쉼터에서 기도회에 처음으로 참
> 석했을 때 권사님이 시편 100편 4절 말씀으로, 감사할 수 없는
> 것을 감사로 기도하라고 하셨어요. 제 안에는 남편에 대한 상처
> 와 분노, 불평, 억울림, 미움이 가득 차 있었어요. 심지어는 하나
> 님께 죽어서까지도 남편과 천국을 같이 가야 되냐고 말도 안 되

는 하소연도 했었지요.

  예수님을 믿고 제가 바뀌어야 한다는 것도 알았고, 늘 기도로 하나님께 위로받으면서 저 자신은 바뀌었다고 생각했어요. 그러다가도 남편이 사소한 일로 화내는 모습을 보면 제 안에 깊이 있는 분노가 다시 치솟더라고요. 그런데 그날 기도로 감사할 수 없는 내용들을, 사실 제 마음속에서는 감사하지 않았지만, 그 말씀에 의지해 감사로 고백하는 내내 저는 오열하며 간절히 기도하게 되었어요.

  그 이후로 제 마음속에 남편이 불쌍하게 보이고, 감사하고 고맙고, 무엇이든 남편을 위해 최선을 다하고 싶은 마음이 생겼어요. 남편도 그런 제 마음이 보였는지 화내는 습관이 없어졌어요. 남편이 화를 내도 제가 다 맞추어 주고 싶고 제 마음이 상처받는 일이 없어지니까 남편에 대해 불평하는 습관도 없어졌어요. 제 마음이 정말 편해졌어요.

  지난날을 돌아보니 남편의 문제가 아니라 저에게 문제가 더 많았다는 것을 깨닫게 되었어요. 그리고 남편의 영혼을 사랑하는 마음도 주셔서 회개하고 열심히 기도하고 있습니다. 얼마 전에는 우리가 싸운 적이 언젠지 모르겠다고 말하면서 남편과 함께 웃었어요.

이외에도 많은 분이 감사로 몸도 건강해지고 생각도 달라진 사연을 보내 주셨다.

◈ 감사하는 사람에게 주어진 특권 ◈

예수님은 10명의 나병 환자들을 고쳐 주신 후 그중 1명만 감사를 하러 온 것을 보고 나머지 9명은 어디 갔느냐고 물으셨다. 그리고 감사한 1명에게 구원의 특권을 주셨다.

"한 마을에 들어가시니 나병 환자 열 명이 예수를 만나 멀리서서 소리를 높여 이르되 예수 선생님이여 우리를 불쌍히 여기소서 하거늘 보시고 이르시되 가서 제사장들에게 너희 몸을 보이라 하셨더니 그들이 가다가 깨끗함을 받은지라 그중의 한 사람이 자기가 나은 것을 보고 큰 소리로 하나님께 영광을 돌리며 돌아와 예수의 발 아래에 엎드리어 감사하니 그는 사마리아 사람이라 예수께서 대답하여 이르시되 열 사람이 다 깨끗함을 받지 아니하였느냐 그 아홉은 어디 있느냐 이 이방인 외에는 하나님께 영광을 돌리러 돌아온 자가 없느냐 하시고 그에게 이르시되 일어나 가라 네 믿음이 너를 구원하였느니라 하시더라"(눅 17:12-19).

미얀마에서 온 신뿌는 쉼터에서 똑같이 무료 숙식을 제공하고 학생들에게 학비와 매월 생활비를 동일하게 지원하는데, 처음 들어올 때부터 그렇게 감사를 잘 표현할 수가 없을 정도였다. "쉼터에서 무료 숙식을 할 수 있어서 감사합니다. 생활비를 주셔서 감사합니다. 학비를 주셔서 감사합니다" 등 계속 감사를 고백했다. 처음 학생으로 오자마자 행복동 사람들은 하나님이 주신 것에 기쁜 마음을 가지고 내 것을 내 것이라고 하지 않고 나눔을 하는데 자신도 따라가야겠다고 고백하며 즉시 순종하는 모습을 보여 주었다.

우리 쉼터에서는 처음 두 달 동안은 행복동 학생으로서 자격을 구비할 수 있는지를 지켜보면서 30만 원을 지급해 주고, 3개월째 될 때 일반 학생들과 같은 수준인 50만 원의 생활비를 지급해 준다. 그런데 첫 달 30만 원을 받은 신뿌는 자신도 행복동 사람들의 모델을 그대로 따라가겠다면서 적은 생활비를 쪼개 미얀마에 있는 아내에게 송금해 더 가난한 사람들에게 쌀과 기름을 나누라면서 감사를 표현했다.

한국에서는 차비와 생활비가 비싸서 누군가에게 나눌 만한 금액이 아닌데 그렇게 사용하는 신뿌의 모습을 보면서 감동을 받았다. 두 달이나 지켜보고 결정할 필요 없이 한 달 지나고 바로 그다음 달부터 다른 학생들과 같이 50만 원을 지급해 주었다. 그러자 신뿌는 50만 원에 감사하면서, 그것으로 나누는 범위를 더 넓혔고 적극적으로 하나님이 원하시는 대로 나아가는 모습을 보였다.

그 모습에 우리는 또 감동을 받았다. 그래서 구체적으로 미얀마에 더욱 사랑을 나누는 일을 신뿌를 통해서 하기로 결정했고, 3개월째부터는 70만 원을 지급해 주었다. 이처럼 감사는 놀라운 결과를 가져온다.

다음은 신뿌의 간증이다.

이렇게 간증할 수 있는 기회를 주신 우리 주 하나님께 감사드립니다. 또한 제게 간증하도록 용기를 주신 마마께 감사합니다. 홀리네이션스 모든 분은 제가 날마다 영적으로 성장하도록 인도하시며 매일 보내 주시는 메시지로 큰 영감을 주십니다.

저는 미얀마 출신이고 올해 37세입니다. 1983년 2월 19일 기독교 가정에서 태어나 행복하게 자랐습니다. 주일학교에 다니면서 예수님을 알게 되었고 영접했습니다. 2014년 결혼해 아내와 아들 둘이 있습니다. 저는 2006년 역사 전공으로 미얀마 칼레이

대학을 졸업했고, 2012년 양곤에 있는 미얀마신학대학원 석사 과정을 마쳤습니다. 그리고 2015년 2월 28일 헤일레이침례회에서 목사 안수를 받았습니다.

대학 졸업 후 저는 하나님의 은혜로 다음과 같이 일할 수 있었습니다. 우선 2006년부터 2009년까지 헤일레이침례회 수석 사무관이자 월간 소식지의 편집장을 했고, 2009년부터 2012년까지는 양곤에 있는 믿음의말씀교회에서 부목사로 일했습니다(그곳 목사님들은 모두 자비량으로 섬겼습니다). 2012년부터 2018년까지는 수앙페이침례교회 담임목사이자, 동시에 2015년부터 3년간은 헤일레이침례회 청년부를 맡아 일했습니다. 이후 2018년부터 2년간은 조미신학원에서 사서 및 강사로 일하면서 이전보다 3배 분량인 소식지의 편집장 역할도 했습니다.

이 소식지를 통해 나눈 말씀이 씨앗이 되어 40명 넘게 예수님을 영접한 것은 정말 주님의 놀라운 은혜입니다. 그중 14명은 불교 신자였습니다. 저는 주님께 앞으로도 수많은 영혼을 예수 그리스도께 인도할 수 있도록 부탁드렸습니다. 그때 받은 말씀입니다. "그가 내게 대답하여 이르되 여호와께서 스룹바벨에게 하신 말씀이 이러하니라 만군의 여호와께서 말씀하시되 이는 힘으로 되지 아니하며 능력으로 되지 아니하고 오직 나의 영으로 되느니라"(슥 4:6).

하나님은 제게 주어진 시간과 삶을 하나님의 영광을 위해 쓰도록 부르셨습니다. 그리고 제가 이전보다 더욱 열심히 말씀을 전하기를 원하셨습니다. 제가 한국에서 신학을 더 공부하는 것도 좀 더 크고 힘 있게 주님을 위해 일하기 위함입니다. 미얀마는 세계 최빈국 중 하나입니다. 그중에서도 제가 사는 곳은 더욱 열악합니다. 우리 집도 가난하기 때문에 공부를 계속하기 위해 필요한 돈이 없었습니다.

그러던 중 한국에 가면 일과 공부를 둘 다 할 수 있다는 이야기를 듣고, 한국으로 공부하러 가야겠다고 생각했습니다. 다른 나라에서는 불가능할 것 같았습니다. 집을 떠나 공부를 하면서도 가족을 부양할 돈이 필요했기 때문입니다. 하지만 한국에 오는 일이 쉽지 않았습니다. 돈도 꽤 필요했지만, 양곤에 있는 한국 대사관에 제출해야 할 서류도 많았기 때문입니다. 게다가 제게 재정적 도움을 줄 사람이 아무도 없었습니다.

저는 하나님께 이렇게 기도했습니다. "주님의 뜻이면 말씀을 공부하러 한국에 갈 길을 보여 주세요." 하나님의 응답은 놀라웠습니다. 제 이웃 중에 몹시 가난하여 먹을 것을 살 돈조차 없는 과부가 있었는데, 유일한 재산인 집을 팔아 그 돈을 제가 한국에

갈 수 있게 빌려준 것입니다.

하나님의 은혜로 2019년 2월 22일 저는 한국에 도착했습니다. 저는 일을 구할 수밖에 없었고, 한국어를 몰랐기에 어려움을 많이 겪었습니다. 공장 일에도 익숙하지 않아 작년에 일터를 무려 다섯 번이나 옮겨야 했습니다.

이렇게 해서 돈을 벌기는 했지만, 저축하기는 어려웠습니다. 제가 한국에 올 수 있게 도와준 분에게 돈을 갚아야 했고, 또 학기당 220만 원이나 하는 학비도 내야 했기 때문입니다. 여기에 가족들의 식비와 집세로 매달 10만 원을 송금해야 했고, 설상가상으로 교사로 일하던 남동생이 세상을 떠나는 바람에, 아직 학생인 4명의 조카까지 책임져야 했습니다. 하지만 선하신 하나님께 감사드립니다. 건강한 몸으로 공부와 일을 병행할 수 있게 하셨고, 결국 홀리네이션스에 오게 되었으니까요!

저는 아내와 의논 끝에 이런 결론에 이르렀습니다. "공장에서 일을 해도 만족스러운 삶을 살기 어렵다. 하나님의 종으로 살기로 했으니, 이런 나를 도와줄 뿐 아니라 공부가 끝나면 미얀마에 돌아가 주님을 위해 일할 기회를 줄 교회를 찾아보자." 아내는 제 의견에 동의하며 그것이 제게 훨씬 유익하다고, 함께 기도하자고 격려해 주었습니다. 저는 주변에 있는 많은 목사님들께 이런 교회를 소개하도록 부탁했고, 마침내 탕 목사님이 마마킴 권사님의 연락처를 알려 주며 홀리네이션스 예배에 참석하도록 권해 주셨습니다.

저는 일을 그만두고 앞으로 어떻게 해야 할지에 대해 기도했습니다. 갑자기 발발한 코로나19 사태로 인해 모든 교회에서 저를 받아 주지 않을 것 같은 두려움이 엄습했습니다. 하지만 저는 주님을 믿고 기도한 후 곧바로 마마킴 권사님께 저를 받아들여 도와주시고 홀리에 머물 수 있게 해 달라는 문자를 보냈습니다. 권사님은 곧바로 "코로나19 바이러스 검사를 하고 오시면 쉼터에 머무실 수 있습니다"라는 답변을 주셨어요. 와우! 저는 매우 놀랐고 또 기뻤습니다.

원래 권사님은 코로나19로 당분간 외국인 학생들을 더 이상 받지 않기로 했는데 성령님이 저를 받아들이라는 마음을 주셨다고 하셔서 전적으로 하나님의 은혜라는 것을 깨달았습니다.

쉼터에 오는 중에 윤 권사님이 전화하셨습니다. "이불이 없으면 우리가 드릴 테니 사지 마세요." 도착해 보니, 아주 좋은 침대에 이불 두 채와 베개 한 개가 기다리고 있었습니다. 좋으신 하나님! 제게 쉼터는 궁전보다 더 좋습니다. 일하지 않아도 먹을 것이 풍부한 데다, 매달 생활비를 받습니다.

또한 월 2회 무료 건강검진도 받습니다. 저는 2007년부터 수전증이 있어 글씨 쓰는 것이 힘들었는데, 이 문제로 원당에 있는 한의원에서 검진을 받았고 병원비는 우리 선교회에서 감당했습니다. 제가 할 일은 기도와 성경 읽기와 토요일 전도 활동에 참여하는 것뿐인데도 풍부합니다.

《나는 날마다 기적을 경험한다》는 제게 큰 영감을 준 책입니다. 마마킴 권사님의 선교 여정이 담겨 있는 이 책은 정말 놀랍습니다. 저는 이 책을 읽고 큰 용기를 얻었고 영적으로 강해졌습니다. 또한 믿음으로 우리가 가진 것을 나누는 것으로만 이루어지는 선교에 대한 도전을 받았습니다.

권사님은 말씀하십니다. "우리 부부는 수입의 51%를 주님께 드리고 이웃과 나누기로 약속한 이후 훨씬 금전적으로 자유하며 자족합니다. 우리는 매일 먹고 쓸 만큼만 있으면 됩니다. 더 이상 필요가 없지요. 하늘 은행에 저축하는 것이 얼마나 기쁜지 모른답니다."

저도 마마킴처럼 가난한 이웃을 도울 수 있기를 기도하고 있습니다. 권사님은 저의 영적 어머니이십니다. 권사님의 책뿐 아니라 기도 모임에서 전해 주시는 말씀도 큰 용기를 줍니다. 권사님의 말씀 중에 나오는 성경 구절이 제 마음을 감동시켜 기도 중에 눈물이 흐르고 울게 될 때도 있습니다. 권사님이 어떻게 선교 사역을 하셨는지 알게 되고 그 원리를 이해하면서, 저도 권사님의 방법을 따라 어린이 선교 사역을 하며 주님의 일을 하고 싶은 열정이 생겼습니다.

그러려면 더 많이 노력하고 스스로 훈련해야 한다는 것을 압니다. "조지 뮬러처럼 성경을 200독 이상 읽어야 한다"고 말씀하십니다. 저는 선교 활동 외에도 미얀마어로 조직신학에 관한 책을 쓰고 싶습니다. 그러기 위해서는 성경을 잘 알아야 하므로 더욱더 성경을 많이 읽어야 합니다.

권사님이 저희들에게 주시는 영적 영향력에 깊이 감사드립니다. 홀리네이션스의 주요 말씀이기도 한 마태복음 4장 4절, "예수께서 대답하여 이르시되 기록되었으되 사람이 떡으로만 살 것이 아니요 하나님의 입으로부터 나오는 모든 말씀으로 살 것이라 하였느니라 하시니", 이 구절을 권사님 책에서 읽었을 때 저는 하나님이 계시지 않으면 우리 인간의 삶은 아무것도 아니라는 사실을 깨달았습니다.

저는 주님 앞에 선한 것이 없으며, 매일 다른 사람들과 다를 바 없이 살아갑니다. 그런데도 주님의 사랑을 강하게 느끼니, 그 은혜가 얼마나 놀라운지요. 저는 주님을 진심으로 믿으며 매일 기도합니다. 그것만이 제가 할 수 있는 유일한 일이니까요. 이런 제가 홀리네이션스를 통해 놀라운 기적을 경험했습니다.

제가 처음 홀리에 왔을 때 마마킴께서 앞으로 두 달 동안 매달 생활비 30만 원을 줄 것이며, 두 달 동안의 생활 태도에 따라 50만 원으로 늘려 주겠다고 하셨습니다. 그런데 한 달이 지나자 50만 원을 주시며 현재 홀리에서 비정기적으로 지원하는 학생이 저뿐이라 가능하다고 하셨습니다. 현재 홀리가 지원하는 학생이 모두 50명인데 그중 누구도 둘째 달에 50만 원을 받은 학생은 없었다고 합니다. 저는 너무 기쁘고 기뻐서 하나님께 찬양을 드렸습니다.

《나는 날마다 기적을 경험한다》에서 마마킴의 선교 사역과 헌금에 관한 부분을 읽고 나서, 마음에 감동이 되어 미얀마에 있는 고아들과 한 가정씩 쌀과 기름을 돕는 일을 시작했습니다. 그리고 미얀마에 있는 친구 목사가 어린이들(50명 이상)을 모아 성경을 가르칠 수 있도록 지원금을 보냈습니다. 아이들이 먹을 음식 값도 보내 주었습니다. 이렇게 하는 데 매달 20만 원가량을 사용했습니다.

미얀마에 있는 아내가 이 일의 진척 상황을 사진이나 동영상으로 찍어 보냈고, 저는 이것을 마마킴과 공유했습니다. 이때 저는 이런 일을 하는 데 필요한 돈을 더 받을 수 있을까 하는 생각은 하지도 않았고, 또 그런 요구도 한 적이 없습니다. 그저 하나님을 기쁘시게 하고 저의 영적 어머니이신 마마킴의 본을 따르려는 마음뿐이었습니다.

그런데 2020년 9월이 되자 마마킴께서 "신뿌 목사님이 본국 사람들을 돕는 일을 하시니, 매달 생활비를 70만 원으로 올려 주겠습니다"라고 하시더군요. 세상에! 저는 너무나 기뻐서 하나님께 감사를 드렸습니다. 사실 저는 십일조를 내고 난 후 제 용돈으로 매달 5만 원만 남겨 놓고 모두 본국에 보내고 있어 생활비가 부족한 상황이었거든요. 하지만 저는 언제나 공급하시는 하나님을 믿습니다.

이런 일도 있었습니다. 2020년 10월에 제 노트북 키보드가 말을 듣지 않았습니다. 2011년에 미얀마에서 산 컴퓨터인데, 많이 낡은 것이었습니다. 현재 코로나19 상황에서는 노트북이 없으면 줌(ZOOM)으로 하는 온라인 수업을 들을 수도, 매일 과제를 제출할 수도 없어 아주 난감한 상태였습니다. 그래서 저는 새 노트북 문제를 놓고 주님께 기도했습니다. 그 후 마마킴과 권사님의 주선으로, 무엇보다 하나님의 은혜로 우리 선교회에서 노트북을 사 주었습니다.

이외에도 마마킴과 윤 권사님, 그리고 홀리네이션스로부터 받은 은혜가 참 많습니다. 지금 다 말씀드리지 못하지만, 우리 하나님은 모두 아십니다. 제가 홀리를 통해 하나님의 기적을 체험한 것에 대해 깊은 감사를 드립니다. 교회에 오면 항상 주님의 말씀이 들립니다. 성령을 느끼고 그 크신 사랑을 느끼니, 교회에 오면 눈물이 날 때가 많습니다.

저는 미얀마에서 제가 살고 있는 지역의 교회를 성장시키고자 합니다. 그리스도인은 많지만, 진정한 신자는 드뭅니다. 또 우리 지역에는 많은 아이가 살고 있는데, 대부분 빈한한 가정에서 나고 자라서 부모로부터 제대로 된 훈육이나 교육을 받지 못합니다. 그래서 저는 그 아이들의 교육과 영적 성장을 돕고 싶습니다. 또한 그 부모들도 성숙한 그리스도인이 되도록 훈련해야 하며, 그들의 삶도 물질적으로나 영적으로나 향상시켜야 합니다. 한편, 아직 개발도상의 빈민국인 미얀마에는 비그리스도인이 많으니 그들에게 다양한 방법으로 복음을 전할 것입니다.

◈ 최고의 기쁨과 감사 ◈

하나님께서는 한 영혼에게 생존 이상의 것을 주시기를 원하십니다. 하나님의 창조 목적에 따라 한 생명이 지닌 꿈과 가능성이 아름답게 꽃피워 가기를 원하십니다. 정말 놀라운 것은 우리에게 그 일을 이루기 위해 하나님과 함께하자고 초대하고 계신 것입니다. 저는 어린이가 새로운 삶을 살아갈 수 있도록 양육하는 컴패션 안에서 행복합니다. 하나님의 사랑을 전하고 생명을 살리는 일은 사람을 바꿉니다. 생명 살리는 일의 기쁨을 누리는 사람은 누구라도 하나님과 단둘이 만나 새롭게 만들고 써 내려간, 세상이 이해하지 못할 전혀 다른 행복의 기준을 보여 줄 수 있습니다.

저에게 있어 하나님께 삶을 맡겨 드리는 것은 내려놓음이 아니었습니다. 사랑을 전하고 생명을 살리는 일은 보기에 따라 무척이나 무겁고 막중한 일처럼 보일 수 있습니다. 하지만 저는 제 힘으로 할 수 없다는 것을 잘 알기에 그 일에 동참할 수 있도록 초대하신 하나님께 감사드릴 수 있습니다. 이 일은 저에게 누림이었습니다.

컴패션 한국 대표 서정인 목사님의 저서 《고맙다》(규장, 2013)에 실린 내용이다. 이 고백에 전적으로 동의한다. 하나님이 행복동을 설립해 주시고 이곳에서 세상이 알 수도, 줄 수도 없는 행복을 누리게 해 주셔서 진심으로 감사드릴 뿐이다.

몽골에서 온 앙하는 건축학과 학생으로 다시카처럼 처음에는 교환학생으로 왔다가 우리 선교회가 후원하는 학생으로 승격되었다. 찬양 인도도 잘하고, 기타와 피아노도 잘 치고, 컴퓨터 작업도 잘해 예배 봉사를 잘 섬기고 있다.

쉼터에서 온갖 작은 일, 큰 일도 잘하고 있던 앙하가 갑자기 배가 아파서 병원에 갔다. 의사 선생님이 맹장염 수술을 받아야 한다고 해서 병원에 입원시키고 치료를 해 주었다. 예수님께 치료받은 10명 중 1명의 나병 환자만이 감사하러 다시 예수님께 왔다. 감사하는 사람은 돋보일 수밖에 없다. 앙하는 항상 감사를 하더니 병원에서 퇴원하고도 감사했다.

학교에서 모든 학생에게 의무적으로 보험을 들라고 해서 들었는데, 보험금을 신청하니 175만 원이 나왔다. 앙하는 보험금 전액을 헌금해서 우리를 놀라게 했다. 물론 우리가 낸 병원비는 더 많은 액수였지만, 몽골에서 그 돈이면 매우 큰돈인데 감사헌금으로 내다니, 그 마음이 얼마나 아름다운지!

앙하에게 어떻게 그렇게 할 수 있었느냐고 물으니 웃으면서 하나님의 것을 다시 돌려 드린 것뿐이라며, 대단한 일을 한 것이 아니라고 말했다. 그리고 자신도 몽골에 가면 고아들을 돌보는 일을 하겠다면서, 이미 땅은 구입했고 선교회에서 주는 생활비 중 일부를 저금하고 있다고 했다. 우리는 그 마음이 너무나 감동적이어서 생활비를 올려 주자고 했다. 무엇보다 주님 안에 들어와 새로운 피조물이 되는 모습을 보는 것은 최고의 기쁨이요 감사다.

◈ 하나님의 풍성함을 누리는 비결 ◈

성경에는 수많은 약속이 있는데, 우리는 성경대로 순종하지 않기 때문에 대부분 이처럼 놀라운 풍성함을 체험하지 못한다. 2020년은 코로나19로 인해 대형교회든 소형교회든 타격을 입지 않은 곳이 거의 없을 정도였다. 대형교회에서 파송한 선교사님들도 후원이 끊기거나 삭감되어 다들 어려움을 당했다. 사정이 이렇다 보니 홀리네이션스에서는 아무 어려움이 없냐는 질문을 많이 받고 있다.

우리 선교회 회장님이신 예수님은 항상 앞장서서 진두지휘를 하시는데, 일반 사람들과 경영하시는 방법이 전혀 다르다. 코로나19로 힘든 우리에게 먼저 어려운 분들을 소개해 주셨다. "주님, 우리가 쓸 것도 없는데 이렇게 많은 분과 나누라고요?" 우리는 이런 질문을 아예 하지 않을뿐더러, 한다고 해도 아주 조금 이야기한다. 주님은 항상 우리에게 그들이 생존할 수 있을 만큼을 먼저 전하라고 말씀하신다. 그리고 2020년에는 평소보다 더 많은 곳을 우리에게 말씀하셨다.

"주라 그리하면 너희에게 줄 것이니 곧 후히 되어 누르고 흔들어 넘치도록 하여 너희에게 안겨 주리라 너희가 헤아리는 그 헤아림으로 너희도 헤아림을 도로 받을 것이니라"(눅 6:38). 이 말씀은 예수님이 회장님이신 행복동의 좌우명이다. 우리가 믿는다고 하면 말씀대로 순종하는 모습을 하나님께 보여 드려야 한다. 그때 우리의 믿음이 통과하는 것이다. 입으로만 "믿습니다. 아멘!"을 외쳐도 전혀 점수가 올라가지 않는다.

앞서 언급했듯이, 오류교회에서 2020년 다니엘기도회를 개최했다. 총 21명의 강사 중에서 한 명으로 기도회 하루를 담당하게 되었는데, 집회를 마치자마자 셀 수 없이 많은 분이 자신들의 영적인 아픔과 육적인 고통을 하소연하셨다. 우리는 그분들의 고통을 듣고 헤아리지 말고 "먼저 주라"는 말씀에 순종하기 시작했다. 그러자 우리 하나님 아버지께서는 동시에 세계를 움직여서 천사들의 행진을 하게 하셨다. 우리가 무엇을 한 것이 아니라, 이번에도 동일하게 천사들의 행진을 구경하는 경이로움을 만끽했을 뿐이다.

따라서 우리는 코로나19로 인하여 힘들거나 타격을 받은 것이 아니고 더욱 지경이 넓어졌다. 하나님의 사랑이 얼마나 광대한지를 보여 주도록 하나님이 우리의 지경을 넓혀 주신 것이다! 우리는 해외든 국내든 하나님이 말씀하시면 헤아리지 않고 먼저 나눔을 했다. 말씀대로 순종하자 2020년 결산이 이전 해의 거의 2배나 되어 하나님의 사랑을 더 많이 전할 수 있게 되었다. 그 결과를 들은 행복동 사람들이 "코로나19가 무서워서 도망가 버리겠다"고 말해 우리는 다 같이 웃었다.

인도네시아 오지에서 선교하시는 선교사님도 기쁨 택배원의 고백을 보내 주셨다.

좋은 아침입니다. 권사님. 보내 주신 헌금으로 기쁨 택배원을 하는 것이 참으로 기쁩니다. 그제는 까른 전도사, 어제 저녁에는 안드리꼬 전도사를 잘 만나고 왔습니다. 예수님의 사랑을 가지고 기쁨 택배원으로 가서 잘 만나 특별 응원금과 선물을 전하고 그들이 즐거워하는 모습을 보며 오는 밤길이 행복하며 감사했습니다.

까른 전도사는 사역하며 공부하면서 기도도 많이 하고 생활을 위해 낮에는 논에서 일을 하며 지내고 있으며, 안드리꼬 전도사는 아내와 세 자녀와 함께 아주 작은 집에서 행복하게 살아가는 모습을 보고 왔습니다. 뻔따르한 안드리꼬 전도사 역시 생계 유지와 자녀 공부와 양육을 위해 일하면서 공부도, 영성 생활도 얼마나 열심히 하는지 모릅니다. 새벽 3-4시에 일어나 2시간 이상 기도하고, 말씀 읽고, 적고…. 얼마나 멋진지, 키워 주고 싶은 기대되는 신학생입니다.

이제 출발하여 6시간 달려가서 오늘 만날 신학생은 막스윌 전도사입니다. 오늘 아침 경건회 때 주신 말씀, "너희 모든 일을 사랑으로 행하라"(고전 16:14)라는 말씀대로 예수님의 사랑으로 잘 만나고 오겠습니다.

어제도 이 말씀대로 신학생 막스윌 담임전도사가 섬기는 교회와 가정을 돌아보며 그 가족을 만나고 사랑의 선물과 특별 응원금을 잘 전하고 기쁘게 먼 길을 다녀왔습니다.

성경학교만 졸업하고 2005년부터 시골 교회 담임전도사로 섬기던 막스윌 전도사님은 2009년 결혼했습니다. 그런데 2010년 사모(임신 3개월 중)와 함께 차를 타고 성도를 위한 병원 심방을 가는 길에 교통사고가 났습니다. 그 일로 사모가 하늘나라에 갔답니다. 2013년 재혼하여 주님이 주신 새 사모님은 목사님의 딸로서 이미 결혼하여 전남편과 3살짜리 딸이 있었는데 2012년 남편 목사님이 오토바이를 타고 사역하러 가다가 사고로 하늘나라에 갔다고 합니다.

이렇게 서로 같은 어려움을 겪은 전도사님과 사모님이 3살짜리 딸과 함께 한 가정을 이루어 둘째 딸을 낳고 살아온 지 7년이 되었다고 합니다. 마음이 짠했습니다. 하나님의 은혜 안에서 짝 지어 만나게 하심이 감사했어요. 사택을 둘러보는데 도와주지 않을 수가 없었습니다. "사랑으로 행하라"라는 주님의 말씀도 생각났고요. 2012년에 벽돌만 쌓고 지붕만 씌우고는 한방에 4명이 살아가고 있으며, 화장실과 샤워실이 지붕도 없고 하늘이 보이는 뒷마당 귀퉁이였습니다(칸막이는 있지만요).

창고를 초등학생인 두 딸의 방으로 만들고, 화장실과 샤워실의 벽과 지붕을 세우고, 천장 없는 교회에 천장을 만들어 주겠다고 약속을 하고 왔습니다. (홀리네이션스선교회에서 이 상황을 듣고 그 집을 새로 완성해 줄 수 있을 만큼 하나님이 또 송금하도록 하셔서 이 약속을 지킬 수가 있었습니다.)

막스윌 전도사는 어려운 형편에 성경학교만 나와서 좀 더 배우고 싶어서 샬롬신학교에 들어오게 되었다고 합니다(학교까지 오는 길이 버스로 7시간 걸림). 그리고 한국 선교사가 장학금을 지원해 준다는 소식과 인턴십 수업이라는 말을 듣고 왔습니다.

내일은 신학생 제프리 전도사를 만나게 됩니다. 그동안 만난 7명의 전도사님들과 남편인 이 선교사는 1월부터 매주(줌으로, 마지막 주는 저희 집에서) 제자훈련을 하기로 했습니다. 무엇보다 영적으로 충만해 주님의 참 제자로 살아가기를 원하며, 오직 주님으로 만족하는 주님의 제자로 행복하게 시골 목회를 할 수 있도록 지원합니다.

이번 12월에 시골로 찾아가서 만난 신학생 전도사들 8명(남 7명, 여 1명) 중 남자 전도사 7명과 어제 시골 교회에 가서 만난 목회자 5명과 사모 2명과 제자훈련을 합니다. 주님의 참 제자로 살아가며 무엇보다 말씀대로 살아 보는 은혜, 기도하며 하나님이 일하시는 체험을 통해 여호와의 목전에 크게 은총을 입은 자가 되도록 기도해 주십시오.

행복동 특공대들을 통하여 하나님이 베푸신 큰 사랑과 은혜를 입은 제가 기쁨 택배원으로 사랑하는 우리 신학생 전도사님들에게 특별 응원금 100만 루피아씩(약 10만 원) 드렸는데, 전도사님들에게는 거의 한 달 월급에 해당되는 금액이기에 아주 큰 힘이 되었을 것입니다.

지도자 학교에서 25명이 참가하여 함께 매일 2시간 이상 기도하는 특별기도 40일을 가졌습니다. 기도회를 마치는 1월 8일에는 수료자들에게 40만 루피아(약 4만 원)와 라면 40개를 상으로 주려고 합니다. 이들에게는 큰 상이 될 것이며 큰 힘이 될 것입니다. 기쁨 택배원에게 주님이 주시는 기쁨이 커서 설레며 기쁨의 날을 기다립니다.

주님이 기도하는 우리 신학생들을 어여삐 여기시고 교회 천장과 수리, 사택 천장과 수리로 큰 위로와 격려와 함께 사랑을 부어 주셔서 감사, 감사합니다. '하하'(하나님이 하셨어요) 체험을 하도록 은혜를 주신 행복동 특공대들에게도 다시 한 번 감사를 드립니다. 본을 보여 주신 대로, 저도 어제 제자훈련에서 시골 교회 목회자 7명에게 지난달에 이어 이번 달에도 '영혼을 구원하는 일과 영혼을 돌보는 일'을 위한 지원금을 나누어 주면서 기도하고 생각나는 사람을 찾아가서 만나는 일을 기쁨으로 하자고 했습니다.

지금 하고 있는 시골 교회 목회자 제자훈련과 앞으로 하게 될 전도사님들의 제자훈련이 이들에게 은혜와 복이 되기를 원합니다. 부족한 저희 부부가 은혜와 축복의 통로로 신실하게 쓰임 받도록 기도해 주십시오!

큰 사랑 고맙습니다! 행복동에서 기쁨 택배원을 하면서 누리는 기쁨을 맛보는 시간입니다. 전에 어느 목사님이 '하하 체험기'라는 표현을 사용했는데 하하 체험기는 너무나 즐거운 시간입니다!

기도 응답의 비결 5

◆ 감사 기도는 현실과 문제를 바라보는 시각을 바꾼다. 자연스레 나의 생각과 언어와 행동도 달라진다.

◆ 먼저 주라는 하나님의 말씀에 헤아리지 않고 나누면 하나님의 사랑을 더 많이 베풀 수 있다.

◆ 하나님께 드리는 감사 기도 제목 3가지를 적어 보자.

1. _____

2. _____

3. _____

기쁨 택배원

기쁨을 배달하는 택배원

기쁨 택배를 배달하면

사람들은 기쁨으로 싱글벙글

연약했던 사람들은 새 힘을 받고

독수리가 되어 날아가네

기쁨 택배원은

사람들이 기뻐하는 모습을

바라보기만 해도

넘치는 기쁨으로

전혀 지칠 줄을 모르네

세상 모든 사람을

살리는 기쁨

하늘 아버지의 집에서 퍼 나르는

기쁨 택배

아버지 말씀하소서

어디로 배달할까요?

당신께 이 기쁨 전하고 싶어요

"너는 금식할 때에 머리에 기름을 바르고
얼굴을 씻으라 이는 금식하는 자로
사람에게 보이지 않고 오직 은밀한 중에 계신
네 아버지께 보이게 하려 함이라
은밀한 중에 보시는 네 아버지께서
갚으시리라"(마 6:17-18).

6장

기도의 능력

주님처럼 금식 기도

◈ 주님의 모범을 따라 시작한 금식 기도 ◈

우리는 2015년부터 일주일에 하루 금식 기도를 한 주도 거르지 않고 지금까지 해 왔다. 금식 기도를 통해서 받은 것은 너무나 많은데, 그중 최고의 축복은 평범한 한 끼의 식사도 진심으로 감사하게 된 것과 세계 곳곳에 굶주린 많은 인생을 기억하게 된 것이며, 주님께 훨씬 더 집중하는 체험을 하게 된 것이다. 하루 금식 기도를 하면서 우리는 반복된 훈련을 통해 하나님의 말씀이 마음 판에 너무나 와 닿음을 경험한다.

통계에 의하면, 현재 전 세계의 77억 인구 중 전기가 없는 인구가 20억 명이 넘고 식수 시설이 없어서 아무 물이나 마시는 사람들이 수없이 많다. 아프리카 등지에서는 그 물조차 없어서 어린아이들이 물동이를 이고 먼 곳까지 가서 물을 길어 와야 한다. 그 모습을 사진을 통해서 접한 적이 있을 것이다. 1억 명이 노숙자로 살고, 8억 명이 영양실조이고, 5세 미만의 4만 명의 어린이들이 매년 죽어 가고 있다.

그런데 세계를 다 돌아보지 않더라도, 한국만 봐도 어떠한가? 눈을 감지 않고 떠서 주위를 보면 하나님이 가슴 아파하시며 그들에게 손을 펼치시고 하나님의 사랑을 전하기를 기다리고 계신다.

우리는 금식 기도를 하면서 배고픈 수많은 사람의 마음을 조금이라도 다시 반복해서 깨닫게 되고 사랑을 펼치기를 기도하면서 순종하기를 원한다. 세계 8개국에 이어서 교회뿐 아니라 현재 두 곳에 고아원과 미션 스쿨 건축을 진행하고 있으며 더 확장시키고자 한다. 이는 우리가 금식 기도를 통해 배고픔을 체험하면서 늘 아버지의 뜻을 헤아리게 되기 때문이다.

금식에 기도가 따르지 않으면 금식 기도를 할 필요가 없다. 금식할 때 기도와 하나님의 말씀에 더욱 집중할 수 있다. 혼자 금식하는 것도 좋지만 함께하면, 세 겹 줄은 끊어지지 않기에 더 큰 능력이 있다(전 4:12). 우리 행복동 특공대들 중에 계속해서 같이 금식 기도를 하는 사람들은 낮에 아무 일도 하지 않는 사람들이 아니다. 각자 직업을 갖고 일하고 있음에도 금식 기도의 기쁨을 알기에 계속 참여하고 있다. 참 신기한 것은 금식 기도를 하고 식도염이 오히려 치료된 분이 있었다. 우리는 그분을 보면서 금식 기도에 더욱 기쁜 마음으로 동참할 수 있었다.

우리는 일주일에 하루 하는 금식 기도를 한 주도 거르지 않고 계속하는데, 그 비결은 주님과 함께 교제하는 깊은 기쁨과 셀 수 없이 많은 기도의 능력을 체험하기 때문이다.

◈ 성경이 보여 주는 금식 기도의 능력 ◈

금식 기도는 영적 목적을 위해 음식을 삼가는 기도인데, 다윗은 수시로 금식 기도를 하면서 많은 시편에 다음과 같이 고백했다. "주의 모든 파도와 물결이 나를 휩쓸었나이다"(시 42:7). 또한 다윗은 시련 중에도 영혼 깊은 데서 하나님의 깊은 곳을 향해 소리치며 금식 기도를 했다. "나는 그들이 병 들었을 때에 굵은 베옷을 입으며 금식하여 내 영혼을 괴롭게 하였더니 내 기도가 내 품으로 돌아왔도다"(시 35:13). 이 고백을 보면 기도가 전혀 헛되지 않음을 알 수 있다.

예수님은 병자를 치유하고, 귀신을 쫓아내고, 복음을 전하기 전에 40일간 금식 기도를 하셨다. 이 점을 기억하면 금식 기도의 능력이 얼마나 큰지를 깨닫게 된다. 예수님은 금식 기도의 최고의 롤 모델이시다.

금식 기도는 우리를 하나님의 성령에 늘 민감하게 하고 거룩하게 살게 한다. 말씀을 묵상하며 금식 기도를 해야 효과적이다. 금식 기도는 신자의 삶에서 엄청난 무기요 능력의 근원이다. 사탄은 훔치고, 죽이고, 이간질하고, 음란하게 만들고, 온갖 죄를 짓도록 유혹하며, 멸망시키는 일을 한다. 사탄은 우리가 하나님과 온전히 연합되는 것을 막기 위해 금식 기도를 하지 못하도록 방해한다.

금식 기도는 하나님과의 첫사랑을 회복하게 한다. 깨어 있지 않으면 자신도 모르는 사이에 옛 사람으로 돌아가게 되는데, 금식 기도는 자신을 영적으로 새롭게 하는 지속적인 수단이 된다. 우리는 찬송하면서 우울증과 중압감을 떨쳐버리고 하나님을 바라보면서 기도해야 한다.

금식 훈련은 틀에 박힌 세상사에서 벗어나도록 돕는다. 하나님은 우리 몸을 하나님께 산 제물로 드리는 행위를 기뻐하신다. 인내하며 기도하면 다윗의 고백을 우리도 하게 될 수 있다. 시편 40편 1절에서 다윗은 "내가 여호와를 기다리고 기다렸더니 귀를 기울이사 나의 부르짖음을 들으셨도다"라고 고백했다. 금식 기도는 예수님으로 충만하게 하고 믿음을 키워 준다.

◈ 인도에서 온 신학생의 40일 금식 기도 ◈

보이누 자매는 인도에서 온 학생이다. 하루는 감사 고백을 이렇게 보내왔다.

첫째, 사랑하는 마마, 한국에 오기 전 인도에서 다른 선교 단체에서 일을 하면서 저는 주님을 섬기고 있다고 생각했습니다. 그러나 저는 한국에 와서 마마가 쓰신 책《나는 날마다 기적을 경험한다》를 읽고 많은 감동을 받았습니다. 그리고 저의 연약함을 발견했고 하나님께 회개를 했습니다.

둘째, 사람을 의지하지 않고 하나님만을 절대 신뢰하는 법을 마마를 통해서 배운 것을 감사드립니다.

셋째, 하나님께 더욱 신실하고 참 믿음을 가르쳐 주신 것을 감사드립니다.

넷째, 가난하고 도움이 필요한 곳을 도와주는 것이 참 그리스도인임을 가르쳐 주셔서 감사드립니다.

다섯째, 하나님께 어떠한 환경에서도 범사에 감사하는 것을 가르쳐 주셔서 감사드립니다.

여섯째, 항상 성경을 읽도록 격려하시고 가르쳐 주셔서 감사드립니다.

일곱째, 참된 기도를 하는 법을 가르쳐 주셔서 감사드립니다.

여덟째, 마마의 사랑과 친절함에 감사드립니다.

아홉째, 매일 마마가 좋은 글을 써서 보내 주셔서 제 마음을 감동시키고 제가 감사를 고백할 수 있게 가르쳐 주셔서 감사드립니다.

열째, 지금까지 배운 것과 전혀 다른 참 신앙과 하나님만 전적으로 신뢰하는 것을 가르쳐 주셔서 감사드립니다.

보이누는 이 감사 고백을 7월 7일에 보냈는데, 그날부터 금식 기도를 시작해 8월 15일까지 40일 작정 금식 기도를 했다. 보이누는 자세히 배우고 적용하는 데 뛰어나게 열심인 자매다. 네팔의 요셉이 힌두교에서 회심해 진실한 그리스도인으로 살게 된 간증을 읽고는 다음과 같이 느낀 점을 보내왔다.

홀리네이션스의 하나님의 군사들이 힘을 합쳐서 전심으로 기도하는 기도를 통하여, 아내가 갑자기 심장마비로 세상을 떠나서 죽을 것같이 힘든 상황에서도 요셉은 예수님을 영접했습니다. 살아 계시는 예수님을 만나게 되어서 새 인생을 시작했고, 요셉은 이곳에 와서 진실한 기도와 늘 성경 읽는 것을 배워서 그대로 적용하는 삶을 살았기에 짧은 시간에 성숙한 그리스도인이 되었습니다.

그런 사랑을 체험한 요셉은 자기 가족을 전도하지 않을 수가 없었을 것이고, 삶을 통해서 순종하는 모습을 보여 주었기에 하나님은 항상 요셉을 인도하셨습니다. 그래서 요셉은 하나님이 마마 집에서 가까운 거리에 있는 공장으로 네팔에서 다시 오게 하셨습니다.

사랑하는 마마, 인도에 있는 집에서 아이들을 돌보면서 금식 기도를 할 때는 아이들의 밥을 챙겨 주느라 금식을 계속하기 힘들었는데 이곳에서 40일 작정 금식 기도를 하면서 얼마나 즐거운 하나님과의 깊은 교제 시간을 갖고 있는지 모릅니다. 너무나 즐겁습니다. 하나님의 영광만을 위하여 사는 삶이 되기를 소원합니다. 모든 것이 감사할 뿐입니다.

이런 고백을 하며 감히 엄두도 못 내는 40일 금식 기도를 마쳤고, 금식 기도를 마친 후 감사를 했다. 40일 금식 기도를 하는 많은 분이 기도원에서 피골이 상접하게 마르고 거동을 못하는 경우를 보았다. 하지만 보이누는 마지막 3~4일만 거동이 좀 불편하고 화장실에 가기가 좀 힘든 정도였을 뿐 여전히 밝은 미소를 띠고 기도를 잘 마쳤다.

보이누는 외국인 학생들 중에서 40일 금식 기도를 자원해서 한 첫 번째 인도 자매였다. 아직 나이가 채 40세가 되지 않았는데, 남편과 아들 한 명을 먼저 천국으로 떠나보내는 경험을 했기에 다른 과부나 고아를 도우면서 실천하는 모습이 참으로 아름답다. 보이누가 인도에서 또 하나의 사랑의 통로로 쓰임 받을 것을 기대하며 하나님께 감사드린다.

다음은 금식 기도를 마친 후 보이누의 고백이다.

사랑하는 마마, 40일 금식 기도를 통해서 여태껏 경험해 보지 못한 특별한 경험을 하게 해 주신 하나님께 감사드립니다. 홀리네이션스의 많은 하나님의 사람들이 함께 기도로 응원해 주심으로 40일 기도를 무사히 마쳤습니다. 기도뿐 아니라 많은 사랑으로 격려해 주시고 끝까지 기도를 마치게 해 주신 그 손길에 감사드릴 뿐입니다. 오직 하나님께 영광을 돌립니다. 할렐루야!

하나님이 인도에 관심을 갖게 하시고 인도에 가 보고 싶은 강력한 마음을 주셔서 1994년과 이후 한 번 더 인도를 방문한 적이 있다. 당시를 회상해 본다. 슬럼가를 직접 돌아보고 와서 새벽에 일어나 눈물을 뿌리며 기도하던 시간, 우리나라 6·25전쟁 직후 가난했던 시절을 떠올리며 상상도 못할 만한 수준에서 고통 가운데 살고 있는 인도인들로 인해 가슴 아팠던 시간, 그리고 하나님의 은혜로 일제강점기 36년을 지나 8·15광복 후 대한민국이 경제대국으로 기적적으로 올라선 것에 감사했던 시간···. 모든 면에서 이스라엘 백성이 홍해를 건너온 것과도 같은 기적의 연속이었다.

이제는 우리가 그들을 품어야 한다. 하나님의 은혜를 기억하고 감사하며 하나님의 사랑을 전하는 일꾼들을 키워 자국으로 파송해야 한다. 그들을 통해 하나님 나라가 확장되기를 다 같이 기도할 수 있기를 소원한다.

◆ 금식 기도를 통해 배고픔을 체험하면서 곳곳에 굶주린 자들을 향한 아버지의 마음을 헤아리게 된다.

◆ 금식할 때 기도와 하나님의 말씀에 더욱 집중할 수 있다.

◆ 금식 기도는 성령에 늘 민감하게 하고 거룩하게 살게 한다. 특히 말씀을 묵상하며 금식 기도를 해야 효과적이다.

◆ 하루 금식 기도를 해 보고 주님께 받은 은혜를 적어 보자.

_____

_____

_____

_____

_____

하나님을 기쁘시게 하는 금식 기도

즐거운 배고픔

성령으로 배부른 금식

사탄은 제일 싫어하는 금식

예수님의 40일 금식 기도는

사탄을 물리쳤고

모세는 40일 금식 기도 후에

십계명을 받았고

에스더는 3일 금식 기도 하고

자기 민족을 죽음에서 살렸고

니느웨 사람들은 금식 기도를 통해서

나라를 구했고

한나는 금식 기도 하고

아들 사무엘을 받았지요

금식은 신자의 삶에서

엄청난 무기요 능력의 근원

금식은 우리를

영적으로 새롭게 하는 무기

"자기 아들을 아끼지 아니하시고
우리 모든 사람을 위하여 내주신 이가
어찌 그 아들과 함께 모든 것을
우리에게 주시지 아니하겠느냐" (롬 8:32).

7장

기도의 결과

◇◇◇◇◇◇◇◇◇◇◇◇◇◇◇◇◇◇◇◇◇◇◇◇◇◇◇

모든 영광을 하나님께

◈ 하나님이 하신 일을 보는 기쁨 ◈

하나님은 출애굽 과정에서도 계속해서 기적을 보여 주셨다. 하지만 이스라엘 백성은 여호수아와 갈렙, 두 명 외에는 불평과 원망이 끊이지 않았고 하나님을 전혀 신뢰하지 않았다. 따라서 그들은 하나님이 원하시는 안식을 누리지 못했음을 우리는 성경을 통해서 볼 수 있다. 하나님은 우리에게 말씀하신다. "자기 아들을 아끼지 아니하시고 우리 모든 사람을 위하여 내주신 이가 어찌 그 아들과 함께 모든 것을 우리에게 주시지 아니하겠느냐"(롬 8:32).

하나님은 우리의 부족함을 잘 아시기에 하나님의 일을 시키시고는 반드시 동역자를 붙여 주시며, 일꾼을 하나님께 구하라고 말씀하셨다. "이르시되 추수할 것은 많되 일꾼이 적으니 그러므로 추수하는 주인에게 청하여 추수할 일꾼들을 보내 주소서 하라"(눅 10:2).

모세는 하나님 앞에서 자기의 부족함을 털어놓으면서 자신이 하나님이 부르신 지도자로서 합당하지 못한 이유를 늘어놓았고, 하나님은 아론과의 만남을 주선하셨다.

"모세가 여호와께 아뢰되 오 주여 나는 본래 말을 잘하지 못하는 자니이다 주께서 주의 종에게 명령하신 후에도 역시 그러하니 나는 입이 뻣뻣하고 혀가 둔한 자니이다 여호와께서 그에게 이르시되 누가 사람의 입을 지었느냐 누가 말 못 하는 자나 못 듣는 자나 눈 밝은 자나 맹인이 되게 하였느냐 나 여호와가 아니냐 이제 가라 내가 네 입과 함께 있어서 할 말을 가르치리라 모세가 이르되 오 주여 보낼 만한 자를 보내소서 여호와께서 모세를 향하여 노하여 이르시되 레위 사람 네 형 아론이 있지 아니하냐 그가 말 잘하는 것을 내가 아노라 그가 너를 만나러 나오나니 그가 너를 볼 때에 그의 마음에 기쁨이 있을 것이라 너는 그에게 말하고 그의 입에 할 말을 주라 내가 네 입과 그의 입에 함께 있어서 너희들이 행할 일을 가르치리라 그가 너를 대신하여 백성에게 말할 것이니 그는 네 입을 대신할 것이요 너는 그에게 하나님같이 되리라"(출 4:10-16).

행복동에서 동역하는 남자분들은 모두 외국에서 오랫동안 직장생활을 하셨기에 하나같이 외국어에 능통하고, 겸손하고, 조용히 섬기시는 분들이다. 하나님은 마치 모세와 아론의 만남을 주선하시듯 우리를 만나게 하셨고 우리는 함께 20년을 한결같이 기쁨으로 행복동 행전을 펼쳐 나갔다.

의료진들도 마치 모세와 아론의 만남처럼 모두 날개 없는 천사 같은 분들을 만나도록 하나님이 주선하셨고, 특공대들도 모두 한결같이 사도행전 초대교회 성도들의 모습을 하고 있다. 이 내용은 앞서 출간된 책들에 자세히 기록되어 있기에 여기서는 하나님이 색다른 봉사자들과의 만남을 주선하신 일에 대해 나누고 싶다.

때로는 목회자와 선교사님들에게 기도만으로 특공대들이 조직된 것인지, 아니면 기도하고 찾아가서 권면했는지를 묻는 질문을 받곤 한다. 나는 하나님이 모세와 아론의 만남을 주선해 주신 것같이 모두 기도만으로 이루어졌다고 고백한다.

쉼터에 수리할 일이 있으면 삼위교회 이정선 집사님이 해 주시는데, 이름 없이 빛도 없이, 그러면서 뛰어난 지혜와 성실한 섬김으로 행복동을 진행하는 데 큰 기여를 하고 계신다. 3층 건물인 데다 여러 사람이 같이 지내다 보면 고쳐야 할 부분이 많이 생긴다. 그런데 집사님은 기술이 뛰어나서 무엇이든 감쪽같이 뚝딱뚝딱 고치신다.

그뿐 아니다. 집수리 솜씨도 뛰어나시다. 전에 4명의 아이들이 엄마와 함께 비닐하우스에 살았는데, 너무나 열악한 환경이라 내부에 도배를 새로 해 완전 새 집으로 만들어 주셨다. 게다가 오래된 가구를 버리고 새 가구를 들여놓는 일에 앞장서 주셨다. 집 안에 큰 일이든, 작은 일이든 집사님이 나타나시면 단번에 해결된다. 잠잠히 섬기시면서 20년간 언제든지 한 번에 달려오곤 하신다.

처음 행복동을 시작할 때 식당 봉사를 해 주시던 권사님을 길에서 우연히 만나게 되었다. 20년 전 권사님은 65세셨고, 지금은 85세가 되셨다. 그분은 신실하심과 주님 사랑 정신으로 살아오셨기에 몸이 정정하실뿐더러 정신도 너무나 맑고 기억력도 좋으셔서 깜짝 놀랐다.

처음 사역을 시작할 때 기쁜 마음으로 외국인들에게 식사를 해 주시는 분을 만나게 된 것도 하나님의 은혜였는데, 권사님은 우리가 아파트 단지 교회에서 삼위교회로 선교회를 옮겼을 때 그곳까지 동행해 봉사를 해 주셨다. 그러고는 삼위교회에 봉사자들이 있는 모습을 보고 떠나셨다.

최근에 권사님께 "어떻게 그렇게 봉사를 하실 수 있었나요?"라고 다시 질문하자 "그리스도인이면 당연한 것 아닌가요?"라고 답하셨다. 신실하신 권사님은 얼마 전 밤에 주무시다가 전혀 앓지도 않고 본향으로 옮겨 가셨다.

그리고 매일같이 식사 총 담당을 기쁘게 섬겨 주신 백남수 권사님은 금년에 개인적인 사정으로 장기간 봉사를 마치셨는데, 매일 오후 예배를 마치고 외국인들의 음식을 준비하고 뒷정리까지 하고 돌아가셨다. 종일 교회에서 봉사해야 하는 고된 섬김이었으나 기쁨으로 감당해 주셨다.

정말 하나님이 행복동으로 보내 주신 모든 분은, 교사나 의료진 등을 모두 포함해, 긴 시간을 한결같이 사도행전 초대교회 성도들의 모습처럼 기쁨과 한마음으로 지내 왔다. 언제 생각해도 참 별세계의 이야기 같다. 사람이 앞장서서 무엇을 하려면 상당히 힘든 일들이, 주님이 행복동의 회장님으로서 진두지휘를 하시니까, 우리는 그저 따라만 가면 되니까 얼마나 즐거운 여행이었는지 모른다. 그렇기에 우리는 찬양을 하면서 계속 전진할 수 있다.

컴퓨터를 사용하다 보면 컴퓨터에 문제가 생겨서 AS를 받아야 할 때가 있다. 그때 주로 3가지 결과가 나타나곤 한다. 컴퓨터를 고치러 왔다가 더 고장이 나게 만드는 경우가 있는가 하면, 일시적으로는 고친 것 같은데 얼마 있다가 또 원점으로 돌아가는 경우가 있다. 그런데 방한균 목사님은 컴퓨터에 관해 얼마나 뛰어난 달인이신지 모른다. 컴퓨터에 관해서라면 어떤 질문이든, 사진을 찍어서 보내 주면서 놀랍게도 자세하게 가르쳐 주시고, 그것으로 안 될 때는 직접 오셔서 컴퓨터를 만져 주신다. 그러고 나면 언제나 새 컴퓨터가 되는 경험만 벌써 근 20년째다. 볼 때마다 감탄하게 된다. 그만큼 컴퓨터를 여느 사람보다 잘 아시기 때문이다.

컴퓨터를 능수능란하게 고치시는 방 목사님의 모습을 뵐 때마다 기도를 생각해 보게 된다. 사람들은 비슷한 모습으로 기도를 하는데 상황이 전혀 달라지지 않는 경우가 너무 많다. 그 이유가 무엇일까? 성경에는 이렇게 기록되어 있다. "내 백성이 지식이 없으므로 망하는도다 네가 지식을 버렸으니 나도 너를 버려 내 제사장이 되지 못하게 할 것이요 네가 네 하나님의 율법을 잊었으니 나도 네 자녀들을 잊어버리리라 … 그러므로 우리가 여호와를 알자 힘써 여호와를 알자 그의 나타나심은 새벽빛같이 어김없나니 비와 같이, 땅을 적시는 늦은 비와 같이 우리에게 임하시리라 하니라"(호 4:6, 6:3).

성경에는 하나님의 말씀이 자세히 기록되어 있다. 컴퓨터를 잘 알려면 컴퓨터를 잘 들여다봐야 하고 수리도 많이 해 봐야 한다. 마찬가지로 성경에는 어떻게 기도하면 다니엘처럼 사자 굴에서도 살아날 수 있는지, 그리고 어떻게 기도해야 하나님의 은총을 크게 받은 사람이라 불릴 수 있는지가 잘 기록되어 있다. 그러나 우리가 성경을 읽지 않기 때문에 하나님은 "내 백성이 지식이 없으므로 망하는도다"라고 말씀하셨다.

우리는 기도를 시작하면 10시부터 12시까지 중간에 거의 끊지 않고 기도를 계속한다. 처음 기도회에 오신 분들은 그 시간 동안 쉬지 않고 기도하지 못한다. 다른 기도회의 경우 중간에 찬양도 하고 기도 제목을 수시로 주기에 잠시 끊었다가 기도를 이어서 하는데, 우리는 계속 기도를 하고 마지막에만 기도 제목을 나눈다.

기도를 계속 같이하면서 하나님을 더 많이 알아 가며 성령 안에서 기도하다 보니 "내 기도하는 그 시간 그때가 가장 즐겁다"(새찬송가 364장)라는 찬송가 가사가 사실임을 배워 가고 있다. 그리고 단지 이론이 아닌 실질적으로, 구체적으로 하나님이 어떻게 일하시는가를 늘 듣고 보게 된다.

우리 학생들은 매달 생활비와 매 학기 학비를 받기에 하나님이 하시는 일을 직접 체험하는 현장에 있다. 일반 가정에서 두명의 자녀를 공부시키는 것도 힘들어 허덕거리는데, 항상 많은 학생이 함께 있으니, 주님이 정말 엄청난 일을 우리에게 맡기셨다. 그러면서 우리는 점점 더 하나님을 알게 되었고, 하나님의 선하심을 맛보게 되었다. 그리고 더욱 성령 충만해지고 있다. "너희는 여호와의 선하심을 맛보아 알지어다 그에게 피하는 자는 복이 있도다"(시 34:8).

◈ 광야에서 기다리시는 하나님 ◈

이 간증은 재활의학과 의사였던 남편을 4년 전 천국으로 떠나보내고 주님의 은혜 가운데 걸어오신 서신암 치과 의사의 삶의 고백이다. 1년 반 동안 남편이 암 투병 생활을 하는 모습을 지켜보셨다.

당시에는 수원이 주거지였는데, 낮에 파트타임으로 치과 의사로 일하고 저녁에는 일과를 마치고 서울대병원에 입원 중인 남편을 보러 어두운 밤 운전하며 달려가 섬기셨다. 그리고 홀로 어린 두 아들, 희수와 희원이를 키우면서도 매일 가정예배를 드리셨다. 최근 코로나19로 인해 아이들이 집에서 온라인 수업을 하게 되었는데 엄마가 해 놓은 음식을 스스로 차려 먹었다. 신앙 안에서 신실하게 자라 가는 두 아들을 옆에서 지켜보면서 신앙의 힘이 얼마나 위대한지를 목도하고 있다.

"여호와께서 그를 황무지에서, 짐승이 부르짖는 광야에서 만나시고 호위하시며 보호하시며 자기의 눈동자같이 지키셨도다 마치 독수리가 자기의 보금자리를 어지럽게 하며 자기의 새끼 위에 너풀거리며 그의 날개를 펴서 새끼를 받으며 그의 날개 위에 그것을 업는 것같이"(신 32:10-11).

2016년 8월 30일 남편을 천국으로 떠나보낸 지 벌써 4년이 넘었습니다. 재활의학과 의사였던 40대의 남편이 어느 날 구강암이라는 판정을 받고 암과 1년 반 동안 투병 생활을 했습니다. 구강암으로 먹을 수 없는 고통을 옆에서 지켜보기만 하는 고통이 너무나 컸기에, 하나님이 천국에서 푸짐한 성찬식을 베풀어 주시리라는 소망으로 이별의 아픔을 잘 다독여 나갔습니다. 초등학교 3학년, 1학년 두 아들들이 가장 큰 사명으로 제게 남았습니다.

남편 첫 수술 하루 전날, 서울대병원으로 찾아오신 홀리네이션스 김상숙 권사님을 통해 보이는 하나님을 그때부터 전적으로 붙잡은 것은 은혜였습니다. 남편이 천국으로 떠나기 전에는 수원에서 파트타임으로 치과 의사로 근무했는데 남편이 떠나고 나서는 두 아이들을 키워야 하기에 풀타임 직장을 놓고 기도하던 중, 이듬해 생각지도 않았는데 일산에 새 직장을 주셨고 수원에서부터 가족 대이동을 했습니다. 가까이에서 홀리네이션스선교회를 통해 살아 계신 하나님을 계속 접할 수 있었기 때문에 더욱 하나님께만 시선을 고정하고 살아올 수 있었습니다.

홀리네이션스선교회에서 캄보디아에 새로 교회를 건축했을 때 두 아들들과 선교회 봉사자들과 함께 그곳을 방문하면서 인생에서 무엇을 목표로 하면서 살아가야 하는지를 두 아들들에게 보여 줄 수 있는 좋은 시간을 가졌습니다.

하나님의 말씀을 더욱 가까이하게 되면서 광야에서 만난 하나님은 첫째로, 고아와 과부와 나그네를 긍휼히 여기시는 분임을 배웠습니다. 지극히 작은 자 하나에게 한 것이 곧 예수님께 한 것이라는 말씀(마 25:40)은 어떻게 살아야 하는지 거울처럼 늘 저를 돌아보게 해 줍니다.

두 번째, 광야에서 만난 하나님은… 아, 저를 너무나 사랑하시는 분이셨습니다. "그러면 이스라엘은 나 여호와가 그들의 하나님인 것을 깨닫게 되리라. 내가 그들과 함께 뒹굴며 살려고 그들을 애굽 땅에서 이끌고 나온 그들의 하나님인 것을 알게 되리라. 나 여호와는 이스라엘의 하나님이다"(출 29:46, 현대어 성경).

제 아이들과 아침이면 학교와 직장으로 각각 흩어지고, 저녁에 다시 모여 함께 저녁을 먹고 한 지붕 아래 자는 모든 일상이 곧 행복임을 알아 가던 어느 날, 말씀을 읽다가 하나님 역시 나와 뒹굴며 함께 거하고픈 사랑으로 직독직해가 된 것입니다. '가까이하고 싶어도 나의 죄 때문에 함께 살 수 없어서 예수님을 이 땅에 보내 주셨고, 이제 주님이 내 삶의 주인이시라며 초대는 했지만 실상은 24시간을 세상일로 발버둥 치기에만 급급했지 정작 주님은 내 마음 한구석에서 외롭게 덩그러니 계시게 했구나…' 이런 깨달음이 왔습니다.

요즘은 출퇴근하면서, 산책할 때도 성경 드라마 바이블을 수시로 듣는 것이 하나님과 거하는 것임을 느낍니다. 성경 여러 장면 속에 내 심정도, 아버지의 심정도 고스란히 담겨 있습니다.

지난 8월 남편 4주기 추도 예배를 드리고 난 후 신명기를 듣다가 문득 마치 광야 40년 동안 이스라엘 백성의 의복이 해어지지 않았고 발이 부르트지 않게 해 주셨다는 말씀이 제 처지와 정확히 오버랩되어 울림이 되었습니다.

열이 나면 경기하던 큰아이는 이제 건강해져서 중학생이 되었습니다. 셀프 주유를 할 때 주유 건조차 들 수 없었던 어깨였는데 남편이 떠나고 4년 동안 일할 수 있었고 더 건강하게 지켜 주셨습니다. "아직도 제가 주인일 때가 너무 많아서 죄송합니다. 그렇게 부족해도 저도 주님을 사랑합니다"라고 고백하며, 나의 갈 길 다 가도록 주님과 이 길을 걸어가렵니다.

◈ 세상에 진 빚을 갚는 삶 ◈

다음은 하나님의 사랑과 보살핌으로 성장해 치과 의사가 되어 "세상에서 진 빚을 갚는 것이 치과 의사다"라고 고백하시는 김민희 치과 선생님의 간증이다. 어려운 환경 속에서도 오직 주님의 사랑 안에서 자란 기적 같은 이야기는 하나님의 전적 은혜라는 감동을 준다.

세상에서 가장 소중한 사랑을 배우게 하는 엄마는 남동생을 분만하다가 뇌종양으로 두 번 수술을 받고 식물인간이 되어서 침상에서 햇빛이 드는 쪽에서 사시다가 제가 만 10살이 되기 전에 세상을 떠나셨습니다. 성장기에 엄마하고 단 한 번도 외출을 해 본 적도 없고, 사랑을 받은 기억이 없고, 늘 그리움의 대상이기만 했습니다.

남동생과 저를 아버지 혼자 돌보기가 힘드셨기 때문에 서로 떨어져서 남동생은 할머니 댁에서 자랐고 저는 아버지와 함께 자랐습니다. 큰엄마가 큰아버지가 일찍 돌아가셔서 7남매를 키우시다가 천리교리를 믿기 시작하게 되어 당시 고등학생이던 아버지가 따라 믿게 되었고 집안이 다 그쪽으로 종교를 갖게 되었습니다.

사실 외가댁은 돌아가신 엄마의 병으로 인해 어떻게든 살리고 싶은 마음에 외할아버지, 외할머니가 마산에 있는 문창교회에 나가기 시작하셨습니다. 아버지가 재혼한 엄마도 아버지를 만나기 전에는 부산수영로교회를 다니셨는데 시집오면서 아빠와 큰엄마 때문에 어쩔 수 없이 천리교 신자가 되었습니다. 제가 교회 다니는 것을 그렇게 반대하셔서 핍박하시고 대학생 때 집에 갇히기까지 하고 머리도 깎이고 맞기까지 했습니다.

지금 엄마는 우리 딸 수현이가 처음에 오진이 나와서 암이라고 죽는다고 했을 때 하나님께 무릎 꿇고 다시 그리스도인으로 돌아가겠다고 회심하기 시작하셨다고 합니다. 본격적인 성령 충만함은 지난달에 저희 집에 계시면서 함께 드린 가정예배 때 시작되었다고 합니다.

　어제 78세 친정아버지의 생신으로 인해 가족들이 모였습니다. 매번 만날 때마다 서로 헐뜯고 싸우고 남 탓을 하며 항상 불안했는데, 엄마가 예수님을 영접하시고 나니 어제 처음으로 아버지를 축복하며 기도하는 시간을 가졌습니다. 새엄마와 만난 후 거의 40여 년 만에 갖는 축복과 기도의 시간에 감사해서 참 많이 울었습니다. 엄마의 진심 어린 고백에 그동안 쌓였던 원망과 쓴 뿌리가 눈 녹듯 했습니다.

　솔직히 저는 가끔, 아니 자주 여전히 천국 가신(10년 가까이 산송장처럼 누워 있다 떠나셔서 엄마와 그 어떤 교류도 없었지만) 엄마가 많이 그리웠고 원망도 되었습니다. 어제 지금 엄마가 떠나신 엄마의 기독교 신앙을 따라가는 것이 정답이라고 남동생 부부와 아버지께 강권하시는 모습에 큰 감동과 감사가 있었습니다.

　사실 이동원 목사님의 둘째 아들, 미국에서 변호사였다가 암 말기로 천국으로 간 소천 소식도 저희 이전 순원 집사님이 정말 친한 분이어서 그분께 전해 들었습니다. 그 집사님이 그분이 참 훌륭하고 좋은 사람인데 왜 하나님이 저런 분을 갑작스레 먼저 데리고 가셨는지 이해를 못하겠다고 했을 때 저는 아무 답변도 사실 못했습니다. 부활의 소망이 있기 때문입니다!

손양원 목사님은 두 아들을 잃고도 감사하고 두 아들을 총살한 사람을 아들로 삼고 목사로 만들었습니다. 그 이야기를 권사님과 나누면서 정말 참 그리스도인은 어떠한 상황에서도 주님만을 바라보며 주님과 동행하는 삶을 살아야 한다는 생각을 다시 한 번 했습니다.

엄마도 안 계신 환경 속에서도 나의 나 된 것은 다 하나님의 은혜라고 고백합니다. 그런 환경 속에서도 오직 예수님만을 믿는 신앙을 주신 주님께 감사, 감사드립니다.

◈ 진짜 그리스도인의 모습을 보며 ◈

우리는 외국인 학생들을 모두 데리고 달팽이의꿈 카페(발달 장애인과 전문 바리스타가 함께하는 카페로 직업훈련학교)에 가서 배우는 시간을 갖고자 승합차 두 대를 타고 이동했다. 김포시청점에 이어

양곡(양곡3로 1번길 94)에 제2호를 오픈했다는 기쁜 소식을 들었기 때문이다.

독일에서 유학을 하고 한양대학교에서 독일어를 가르치시던 엄선덕 집사님은 아들 영진이가 지적 장애가 있는 데다가 중증 장애를 가지고 태어나서 그 아들을 사랑해 직장도 포기하고 오직 아들의 장애를 치료하느라 22년을 달려오셨다. 그 사랑의 힘으로 영진이는 전혀 걷지도 못하다가 걸을 수 있게 되었고 인지도도 많이 좋아졌다. 그런 발달 장애인을 독립시킬 기회를 주기 위해 달팽이의꿈 카페를 연 것이다.

진짜 그리스도인의 모습은 어떤 역경이라 할지라도 외면하거나 피하는 것이 아니고, 오히려 그 일을 통해 다른 사람과 함께 살아갈 수 있는 길을 여는 것이 아닐까? 엄 집사님은 장애인들과 함께 살아갈 수 있는 길을 열어 주는 카페를 열어 직접 뛰며 봉사자들과 함께 섬기면서 장애인들에게 소망을 주는 너무나 귀한 일을 하고 계신다.

우리 15명이 김포시청에 위치한 달팽이의꿈 카페에 갔을 때 엄선덕 집사님이 '파파스윌'(Papa's Will)에 대한 설명을 해 주셨다. "예수께서 길을 가실 때에 날 때부터 맹인 된 사람을 보신지라 제자들이 물어 이르되 랍비여 이 사람이 맹인으로 난 것이 누구의 죄로 인함이니이까 자기니이까 그의 부모니이까 예수께서 대답하시되 이 사람이나 그 부모의 죄로 인한 것이 아니라 그에게서 하나님이 하시는 일을 나타내고자 하심이라"(요 9:1-3). '파파'(Papa)는 '우리 하나님 아버지'를 의미하고, '그분의 뜻'(Will)을 이룬다는 의미로 '파파스윌'이라고 지었다고 하셨다.

장애인으로 태어난 것은 누구의 죄도 아니고, 하나님이 하시는 일을 나타내는 것임을 보여 주는 달팽이의꿈 카페에서 우리는 장애인 청년들이 만든 샌드위치, 과자, 음료수를 맛있게 먹으면서 외국인 신학생들에게 보여 주었다. 그러면서 고린도전서 13장을, 유창한 설교를 통해 사람들에게 감동을 주는 것이 아니라 행동으로 보여 줄 때 사람들은 감동을 받기에 삶으로 보여 주라고, 엄선덕 집사님을 소개하며 설명을 덧붙였다.

외국인 신학생들이 박사, 석사 학위를 받아서 학문으로만 지식을 쌓는다면 어느 누구에게도 진정한 그리스도인이 무엇인지를 가르쳐 줄 수 없을 것이다. 외국인 학생들은 많은 질문을 하고 많은 것을 배웠다고 고백했다.

특별히 과부와 장애인을 돕는 것이 비전인 학생은 장애인을 돕는 길 중에 이런 방법도 있다며 달팽이의꿈 카페에서 큰 배움을 얻었다고 좋아했다. 승합차 한 대는 김형연 전도사님이 운전을 해 주셨는데, 그분은 정말 쉽지 않은 일을 이처럼 열정이 넘치는 모성으로 잘 감당하시는 엄 집사님의 모습에 많은 것을 배웠다고 고백했다.

엄선덕 집사님의 첫째 아들 우진이는 하나님의 선물로 카이스트대학원에 진학했다. 결혼하기 전부터 이 가정에서 일어나는 모든 일을 30여 년간 지켜보았다. 그러면서 모든 사람이 인생에서 그저 형통하기를 좋아하고 고난을 싫어하는데, 특별히 고난 가운데서 행동하시는 집사님의 모습에서 참 신앙의 점수가 몇 점인지 알 수 있었다.

아들을 너무나 끔찍하게 사랑해 인생의 많은 시간 최선을 다 하셨고, 이제는 그 이상을 뛰어넘어 다른 발달 장애인까지 도울 길을 여신 집사님께 응원의 박수를 보낸다. 코로나19로 힘든 이 시기에도 상관하지 않고 앞치마를 두르고 열심을 다하시는 모습은 다른 설명 필요 없이 그 자체로 본이 된다. 집사님과 달팽이의꿈 카페는 바라만 보아도 감동이다.

집사님은 얼굴에 전혀 화장을 하지 않았고, 머리는 염색을 하지 않아 백설공주처럼 전체가 하얗지만 어떤 멋을 부린 여인보다 아름다웠다. 속에서 우러나오는 환한 빛이 우리 모두를 일깨

워 주었다. 외국인 학생들도 자국으로 돌아가서 하나님이 기뻐
하시는 사역을 잘 감당하기를 기도드렸다.

◆ 날마다 기도하면 하나님을 더 알게 되고 구체적으로 하나님이 어떻게 일 하시는가를 늘 듣고 보게 된다.

◆ 어려운 환경 속에서도 기도하면 하나님이 주시는 소망을 품게 된다. 기쁜 마음으로 사역을 감당할 수 있다.

◆ 기도를 통해 말씀의 역사를 체험하고, 하나님의 영광에 참여할 수 있다.

◆ 내게 주신 은혜를 생각하며 주님께 영광 돌리는 기도를 적어 보자.

_____

_____

_____

_____

_____

_____

마음속 메모리 상자

내 마음속 깊이 간직되어 있는
메모리 상자를 열어 보세요
그 속에 잠재의식이 박혀 있지요

내 메모리 상자에는
하나님이 하셨던 일이 담긴 수많은 동영상이
진열되어 있답니다

셀 수 없는 외국인 노동자들이
직업이 필요할 때
언제나 마련하신 장면들

구멍 난 항아리에 물을 채우듯
필요한 모든 재정을
천사들의 행진을 통해 채우신 순간들

수많은 외국인 신학생들이

비자를 받을 때

하나님 손길을 보여 주신 동영상들

메모리 상자를 열어

동영상을 다시 바라보면서

믿음의 행진을 다시 달려가지요

당신의 메모리 상자 속에

상처가 쌓여 있다면

예수의 피로 모두 씻어 버리고

새로운 동영상으로 채워 보세요

반드시 승리는 우리의 것!

"우리가 그 안에서 그를 믿음으로 말미암아

담대함과 확신을 가지고 하나님께 나아감을 얻느니라"(엡 3:12).

우리가 하나님께 나아갈 때 담대함과 확신을 가지고 나아갈 수 있는 비결은 그리스도 안에서 믿음으로 말미암아서입니다.

우리 손자들과 손녀는 옆에 같이 있으면 냉장고 안에 무엇이 있든지 마음대로 꺼내 먹을 수 있지, 움찔거리며 눈치를 보는 일은 없습니다. 수시로 묻는 질문이 "오늘 점심은 뭐예요?", "오늘 저녁은 뭐예요?"입니다. 그 질문을 들으면 얼마나 웃음이 나는지요! 그런 질문을 할 수 있는 이는 당연히 할머니가 자신들을 사랑하기에 자신들이 좋아하는 일을 해 줄 것이라는 확신이 있기 때문입니다.

하나님은 우리에게 그 크신 사랑을 보여 주셨고, 성경에는 하나님의 사랑으로 가득 찬 메시지가 있습니다. 우리는 그저 담대함과 확신을 가지고 나아가면 되는 것입니다. 그런데 머리로만 아는 사랑으로는 그런 마음을 가질 수가 없습니다. 하나님의 사랑의 이야기를 끊임없이 성경을 통해서 읽고, 또 읽고, 계속 들을 때 우리는 멈칫거리지도 않고, 의심도 하지 않고, 당연히 하나님이 하실 줄 믿는 마음으로 요동함 없이 구할 수 있습니다. 그 결과 어떤 상황에서도 승리할 수 있습니다.

어쩌다 한 번 일어난 일이 아니라, 하나님은 항상 변함없이 우리를 사랑해 주십니다. 하나님은 우리가 그리스도와 함께한 상속자로서 측량할 수 없는 그리스도의 풍성함을 이 어둡고 배고프고 힘든 세상에 전하기를 원하십니다.

이 책은 말씀대로 기도하며 주님의 풍성함을 따라 온 저의 생생한 간증이기도 합니다. 말씀에 근거한 기도의 능력을 전하는 이 내용을 책으로 만들어 주신 두란노 출판사에게 감사드립니다.

　특별히 이 책을 작업 중이던 2020년 10월 27일, 사랑하는 며느리를 천국으로 보냈습니다. 2003년 10월 30일에 가족이 된 이후 고부간이라는 것을 느끼지 못할 정도로 사이좋게 지낸 며느리였습니다. 이 책을 써 내려가면서 슬픔으로 시간을 채우지 않을 수 있었습니다. 이에 이 책을 사랑과 함께 며느리에게 전합니다.